CORAGEM

Osho

CORAGEM

O Prazer de Viver Perigosamente

Tradução
DENISE DE C. ROCHA DELELA

Editora Cultrix
SÃO PAULO

Título original: *Courage*.

Copyright © 1999 Osho International Foundation.

Copyright da edição brasileira © 2001 Editora Pensamento-Cultrix Ltda.

1ª edição 2001.
13ª reimpressão 2021.

Todos os direitos reservados. Nenhuma parte deste livro pode ser reproduzida ou usada de qualquer forma ou por qualquer meio, eletrônico ou mecânico, inclusive fotocópias, gravações ou sistema de armazenamento em banco de dados, sem permissão por escrito exceto nos casos de trechos curtos citados em resenhas críticas ou artigos de revistas.

Publicado mediante acordo com Osho International Foundation, Bahnhofstr, 52, 8001 – Zurique, Suíça. www.osho.com

Capa: "Osho Signature Art" – Arte da capa de Osho.

OSHO é uma marca registrada da Osho International Foundation, usada com a devida permissão e licença.

Quaisquer fotos, imagens ou arte final de Osho, pertencentes à Osho International Foundation ou vinculadas a ela por copyright e fornecidas aos editores pela OIF, precisam da autorização da Osho International Foundation para seu uso.

A Editora Cultrix não se responsabiliza por eventuais mudanças ocorridas nos endereços convencionais ou eletrônicos citados neste livro.

Direitos de tradução para o Brasil adquiridos com exclusividade pela
EDITORA PENSAMENTO-CULTRIX LTDA.
Rua Dr. Mário Vicente, 368 – 04270-000 – São Paulo, SP – Fone: (11) 2066-9000
E-mail: atendimento@editoracultrix.com.br
http://www.editoracultrix.com.br
que se reserva a propriedade literária desta tradução.
Foi feito o depósito legal.

Sumário

Prefácio   7
Não chame de incerteza – chame de assombro.
Não chame de insegurança – chame de liberdade.

O Que é Coragem?   11
    O Tao da Coragem 12
    O Caminho do Coração 16
    O Caminho da Inteligência 24
    O Caminho da Confiança 31
    O Caminho da Inocência 40

Quando o Novo Bater à Sua Porta, Abra-a!   59

A Coragem de Amar   69
    Não é um relacionamento, mas um estado de ser 81
    Este bolo está uma delícia! 83
    Um mundo sem fronteiras 89
    Nem fácil nem difícil, só natural 94

Afaste-se da Multidão 102
    A política dos números 106
    Ouça o seu "senso interior" 109
    Liberdade de, Liberdade para 114
    Encontre a sua Face Original 116

O Prazer de Viver Perigosamente 122
    O que quer que você faça, a vida é um mistério 128
    A vida é sempre ao ar livre 131
    A coragem máxima: sem começo nem fim 136

Em Busca do Destemor 153
Técnicas de Meditação e Respostas a Perguntas 153
    Meditação para o medo do vazio 173
    Meditação para dissipar velhos padrões de medo 174
    Meditação para ter confiança 175
    Meditação para transformar medo em amor 176
    E a última pergunta: O Medo de Deus 178

Sobre o Autor 190
Retiro de Meditação 191
    Osho Commune International

Prefácio

Não chame de incerteza – chame de assombro.
Não chame de insegurança – chame de liberdade.

Não estou aqui para dar a você um dogma – o dogma faz com que se tenha certeza. Não estou aqui para dar a você nenhuma promessa para o futuro – nenhuma promessa para o futuro transmite segurança. Estou aqui simplesmente para deixá-lo alerta e consciente – isto é, para ficar aqui agora, com toda a insegurança que existe na vida, com toda a incerteza que existe na vida, com todo o perigo que existe na vida.

Sei que você veio em busca de certeza, de alguma doutrina, algum "ismo", algum lugar ao qual pertencer, alguém em quem confiar. Você está aqui por causa do medo que sente. Está procurando uma espécie de prisão bonita – de forma que possa viver sem nenhuma consciência.

Eu gostaria de fazer com que você se sentisse ainda mais inseguro, mais incerto – porque é assim que a vida é, é assim que Deus é. Quando há mais insegurança e mais perigo, o único jeito de reagir a isso é apelar para a consciência.

São duas as possibilidades. Ou você fecha os olhos e passa a ser dogmático, vira cristão, hindu ou muçulmano... e aí fica como se fosse um avestruz. Isso não muda a vida; é simplesmente fechar os olhos. Simplesmente faz de você um estúpido, alguém sem inteligência. E nessa sua falta de inteligência, você se sente seguro – todo idiota se sente seguro. Na verdade, só os idiotas se sentem seguros. O homem que está verdadeiramente vivo sempre se sentirá inseguro. Que segurança pode existir?

A vida não é um processo mecânico; não pode ser predeterminada. Ela é um mistério imprevisível. Ninguém sabe o que acontecerá em seguida. Nem Deus, que você acha que mora em algum lugar no sétimo céu; nem mesmo ele – se estiver lá –, nem ele sabe o que vai acontecer!... porque, se ele sabe o que vai acontecer, então a vida é só tapeação, tudo é escrito de antemão, é determinado de antemão. Como ele pode saber o que vai acontecer se o futuro está em aberto? Se Deus sabe o que vai acontecer daqui a pouco, então a vida é só um processo mecânico, morto. Então não existe liberdade, e como pode existir vida sem liberdade? Então não há possibilidade de crescer ou não crescer. Se tudo é predestinado, não existe glória nem grandeza. Você é apenas um robô.

Não, nada é seguro. Essa é a minha mensagem. Nada pode ser seguro, porque uma vida segura seria pior do que a morte. Nada é certo. A vida é cheia de incertezas, cheia de surpresas – é aí que está a beleza dela! Você nunca chegará ao ponto em que poderá dizer, "Agora estou certo disso". Quando disser que está certo de alguma coisa, estará simplesmente declarando a própria morte; terá se suicidado.

A vida continua em marcha, com mil e uma incertezas. É aí que está a liberdade dela. Não chame a isso de insegurança.

Eu posso entender por que a mente chama a liberdade de "insegurança".... Você já ficou preso numa cela por alguns meses ou anos? Se já ficou numa cela por alguns anos, você sabe que, no dia de ser solto, o prisioneiro começa a sentir uma incerteza quanto ao futuro. Tudo era garantido na cela; tudo não passava de pura rotina. Ele tinha comida,

Prefácio

tinha proteção, não tinha medo de ficar com fome no dia seguinte e de não haver comida – nada disso, tudo era certo. Agora, de repente, depois de muitos anos, o carcereiro vem e diz a ele, "Agora você vai ser solto". Ele começa a tremer. Fora dos muros da prisão, mais uma vez haverá incertezas; mais uma vez ele terá que buscar, procurar; mais uma vez terá que viver em liberdade.

A liberdade dá medo. As pessoas falam sobre a liberdade, mas elas têm medo. E um homem não é homem ainda se ele tem medo da liberdade. Dou a você liberdade; não dou segurança. Dou a você entendimento; não dou conhecimento. O conhecimento lhe traz certezas. Se posso dar a você a fórmula, uma fórmula pronta, de que existe um Deus, existe um Espírito Santo e existe um único filho bem-amado, Jesus; existe um inferno e um céu e existem as boas ações e as más ações; cometa um pecado e você irá para o inferno, pratique o que eu chamo de atos virtuosos e você irá para o céu – acabou! –, então você tem certezas. É por isso que tantas pessoas optaram por ser cristãos, hindus, muçulmanos, jainistas – elas não querem liberdade, querem fórmulas fixas.

Um homem estava morrendo – de repente, num acidente de estrada. Ninguém sabia que ele era judeu, então chamaram um padre, um padre católico. Ele se curvou bem próximo ao homem – e o homem estava morrendo, nos últimos estertores da morte – e disse:
– Você acredita na Trindade do Pai, do Filho e do Espírito Santo e em seu filho Jesus?
– Veja só! – respondeu o homem, abrindo os olhos –, eu aqui morrendo e ele fazendo charadas!

Quando a morte bater à sua porta, todas as certezas serão simplesmente charadas e tolices. Não se apegue a nenhuma certeza. A vida é incerteza – sua própria natureza é incerta. E um homem inteligente nunca tem certeza de nada.

A própria disposição para permanecer na incerteza é coragem. A própria disposição para ficar na incerteza é confiança. A pessoa inteligente é aquela que está sempre alerta, não importa a situação – e a enfrenta com todo o seu coração. Não que ela saiba o que vai acontecer, não que ela saiba, "Faça *isso* e acontecerá *aquilo*". A vida não é uma ciência; não é uma cadeia de causas e efeitos. Aqueça a água a cem graus e ela evapora – isso é uma certeza. Mas na vida real, nada é certo como isso.

Cada pessoa é uma liberdade, uma liberdade desconhecida. É impossível predizer, impossível fazer conjecturas. É preciso viver na consciência e no entendimento.

Você vem até mim em busca de conhecimento; quer fórmulas prontas para que possa se agarrar a elas. Eu não dou nenhuma. Na verdade, se você tiver alguma, eu a tiro de você! Pouco a pouco, destruo sua certeza; pouco a pouco, faço com que fique cada vez mais hesitante; pouco a pouco, deixo-o cada vez mais inseguro. Essa é a única coisa que tem de ser feita. Essa é a única coisa que um Mestre precisa fazer! – deixá-lo em total liberdade. Em total liberdade, com todas as possibilidades em aberto, com nada pré-fixado...você terá que ficar consciente – não existe outra possibilidade.

Isso é o que eu chamo de entendimento. Se você entender isso, a insegurança passa a ser uma parte intrínseca da vida – e é bom que seja assim, porque faz da vida uma liberdade, faz da vida uma contínua surpresa. Nunca se sabe o que vai acontecer. Isso faz com que você viva em constante assombro. Não chame de incerteza – chame de assombro. Não chame de insegurança – chame de liberdade.

O QUE É CORAGEM?

De início, não existe muita diferença entre o covarde e o corajoso. A única diferença é que o covarde dá ouvidos aos seus medos e os segue, enquanto o corajoso os põe de lado e segue em frente. O corajoso enfrenta o desconhecido apesar de todos os medos.

Coragem significa enfrentar o desconhecido apesar de todos os medos. Coragem não significa ausência de medo. A ausência de medo acontece se você passa a ser cada vez mais corajoso. Essa é a experiência máxima de coragem – a ausência de medo: É esse o sabor quando a coragem tornou-se absoluta. Mas, de início, não há muita diferença entre o covarde e o corajoso. A única diferença é que o covarde dá ouvidos aos seus medos e os segue, enquanto o corajoso os põe de lado e segue em frente. O corajoso enfrenta o desconhecido apesar de todos os medos. Ele conhece os medos, eles estão ali.

Quando você explora mares desconhecidos, como Colombo fez, o medo existe, um medo imenso, porque ninguém sabe o que vai acontecer. Você está deixando a praia da segurança. Você está perfeitamente bem, em certo sentido; só uma coisa está faltando – aventura. Enfren-

> Você não pode ser sincero se não for corajoso. Não pode ser amoroso se não for corajoso. Não pode ser confiante se não for corajoso. Não pode investigar a realidade se não for corajoso, portanto, a coragem vem em primeiro lugar e tudo o mais a sucede.

tar o desconhecido dá a você certa excitação. O coração começa a pulsar novamente; volta a se sentir vivo, totalmente vivo. Cada fibra do seu ser está vibrando porque você aceitou o desafio do desconhecido.

Aceitar o desafio do desconhecido, apesar de todo o medo, é coragem. Os medos estão ali, mas se você aceita o desafio várias vezes seguidas, devagarinho os medos desaparecem. A experiência de alegria que o desconhecido traz, o grande êxtase que começa a acontecer com o desconhecido, torna você forte o bastante, lhe dá uma certa integridade, aguça sua inteligência. Pela primeira vez, você começa a sentir que a vida não é só um tédio, mas uma aventura. Então devagar os medos desaparecem; e aí você não pára mais de ir atrás de uma aventura.

Mas, basicamente, coragem é pôr em risco o conhecido em favor do desconhecido, o familiar em favor do estranho, o confortável em favor do desconfortável – árdua peregrinação rumo a algum destino desconhecido. Nunca se sabe se você será capaz de fazer isso ou não. É um jogo arriscado, mas só os jogadores sabem o que é a vida.

O TAO DA CORAGEM

A vida não dá ouvidos à nossa lógica; ela segue à sua própria moda, imperturbável. Você tem de ouvir a vida; a vida não ouvirá a sua lógica, ela não se incomoda com ela.

Enquanto segue pela vida, o que você vê? Cai uma grande tempestade e árvores frondosas vêm abaixo. De acordo com Charles Darwin, elas deveriam sobreviver, pois são as mais qualificadas, as mais fortes, as mais poderosas. Olhem para uma árvore antiga, 90 metros de altura, 300 anos de idade. Só a presença da árvore já transmite força, um sentimento de força e poder. Milhões de raízes espalhadas dentro da terra, nas profundezas, e a árvore mantém-se firme em seu poder. Claro que a árvore luta – ela não quer sucumbir, se render – mas, depois da tempestade, ela caiu, está morta, não tem mais vida, e toda força se foi. A tempestade foi além da conta – as tempestades sempre são além da conta, porque a tempestade vem do todo e a árvore é apenas um indivíduo.

Então há o mato e o capim – quando a tempestade cai, o capim cresce e a tempestade não pode causar nenhum dano a ele. No máximo pode lhe fazer uma boa limpeza, isso é tudo; toda a sujeira que se acumulara é levada. A tempestade lhe dá um bom banho e, quando se vai, o mato e o capim estão novamente dançando felizes. O capim quase não tem raízes, pode ser arrancado por uma criança pequena, mas a tempestade foi vencida. O que aconteceu?

O capim seguiu o caminho do Tao, o caminho de Lao-Tsé. E a árvore frondosa seguiu Charles Darwin. A árvore frondosa era muito lógica: tentou resistir, tentou mostrar sua força. Se você tentar mostrar sua força, será vencido. Todos os Hitlers, todos os Napoleões, todos os Alexandres são árvores frondosas, árvores fortes. Eles todos foram vencidos. Lao-Tsé é assim como o mato: ninguém pode vencê-lo porque ele está sempre pronto para se render. Como você pode vencer uma pessoa que se rende, que diz, "Já fui derrotado", que diz, "Senhor, goze da sua vitória, não há por que causar nenhum problema. Fui derrotado". Até um Alexandre se sentiria fútil diante de um Lao-Tsé; ele não pode fazer nada. Aconteceu; aconteceu exatamente desse jeito...

Havia um saniasin, um místico de nome Dandamis, que vivia nos tempos de Alexandre, na época em que ele estava na Índia. Amigos disseram a este, quando partia para a Índia, que quando voltasse deveria trazer um saniasin, porque essa flor rara só brotava na Índia. Eles disseram:

– Gostaríamos de ver o fenômeno da sanias, o que é, o que é exatamente um saniasin.

Alexandre estava tão absorvido pela guerra, pela luta e pelo combate que quase se esqueceu do pedido, mas, quando estava voltando, já na fronteira da Índia, de repente se lembrou. Como estava deixando para trás a última aldeia, pediu aos soldados para entrar na aldeia e perguntar se havia um saniasin por ali, em algum lugar. Por acaso, Dandamis estava ali na aldeia, às margens do rio, e o povo disse:

– Vocês chegaram na hora certa. Existem muitos saniasins, mas um saniasin de verdade é sempre muito raro, e ele está aqui agora. Vocês podem ter um darshan, podem ir visitá-lo.

Alexandre riu e disse:

– Não estou aqui para ter um darshan, meus soldados irão buscá-lo. Eu o levarei de volta para a capital do meu país.

– Não será fácil... – responderam os aldeões.

Alexandre não podia acreditar – que dificuldade poderia haver? Ele tinha conquistado imperadores, grandes reis, então com um mendigo, um saniasin, que dificuldade poderia haver? Seus soldados foram ver Dandamis, que estava nu na beira do rio. Eles disseram:

– Alexandre, o Grande, convida você a acompanhá-lo ao país dele. Todos os confortos, o que quer que você precise, será providenciado. Você será um hóspede real.

O faquir nu riu e disse:

– Vão e digam ao seu mestre que um homem que chama a si mesmo de "grande" não pode ser grande. E ninguém pode me levar a lugar nenhum – um saniasin segue como uma nuvem, em total liberdade. Não sou escravizado por ninguém.

– Você já deve ter ouvido falar de Alexandre – retrucaram os soldados. – Ele é um homem perigoso. Se disser não, ele não ouvirá, simplesmente cortará sua cabeça!

Mas Alexandre teve que ir ao encontro do homem, porque os soldados disseram:

– Ele é um homem raro, fulgurante; existe algo do desconhecido em torno dele. Ele está nu, mas você não sente na presença dele que ele está nu – só depois se lembra. É tão poderoso que, na presença dele, você simplesmente esquece o mundo inteiro. Ele é magnético, e um grande silêncio o cerca; todo o ambiente parece ficar agradável na presença desse homem. Vale a pena conhecê-lo, embora pareça que ele vai se meter em encrenca, o pobre homem, porque diz que ninguém pode levá-lo a lugar nenhum, que ele não é escravo de ninguém.

Alexandre foi ao encontro dele empunhando a espada. Dandamis riu e disse:

– Abaixe a espada, ela é inútil aqui. Recoloque-a na bainha; ela é inútil aqui porque você só pode cortar meu corpo, que eu já deixei para trás há muito tempo. Sua espada não pode *me* cortar, portanto coloque-a de volta; não seja infantil.

E dizem que essa foi a primeira vez que Alexandre seguiu as ordens de alguém; a mera presença do homem bastou para que ele não lembrasse quem era. Ele devolveu a espada à bainha e disse:

– Nunca cruzei com um homem tão belo.

E quando voltou ao acampamento, comentou:

– É difícil matar um homem que está pronto para morrer; não faz sentido matá-lo. Você pode matar uma pessoa que luta, então faz algum sentido matá-la; mas não pode matar um homem que está pronto e que diz: "Eis a minha cabeça, você pode cortá-la fora."

E Dandamis realmente disse:

– Eis a minha cabeça, você pode cortá-la fora. Quando a cabeça cair, você a verá rolando na areia e eu também verei, porque eu não sou meu corpo. Sou uma mera testemunha.

Alexandre tinha que contar aos amigos:

– Havia saniasins que eu poderia ter trazido comigo, mas eles não eram saniasins. Então cruzei com um homem que era de fato algo raro – e vocês ouviram certo, essa flor *é* rara, mas ninguém pode forçá-lo porque ele não teme a morte. Quando uma pessoa não teme a morte, como você pode obrigá-lo a fazer alguma coisa?

É o seu medo que faz de você um escravo – é o seu medo. Quando você não tem medo, deixa de ser um escravo; na verdade, é o seu medo que o força a fazer os outros de escravos antes que eles possam escravizá-lo.

O homem que é destemido nem tem medo de ninguém nem faz com que ninguém tenha medo dele. O medo desaparece totalmente.

O CAMINHO DO CORAÇÃO

A palavra *coragem* é muito interessante. Ela vem da raiz latina *cor*, que significa "coração". Portanto, ser corajoso significa viver com o coração. E os fracos, somente os fracos, vivem com a cabeça; receosos, eles criam em torno deles uma segurança baseada na lógica. Com medo, fecham todas as janelas e portas – com teologia, conceitos, palavras, teorias – e do lado de dentro dessas portas e janelas fechadas, eles se escondem.

O caminho do coração é o caminho da coragem. É viver na insegurança, é viver no amor e confiar, é enfrentar o desconhecido. É deixar o passado para trás e deixar o futuro ser. Coragem é seguir trilhas perigosas. A vida é perigosa. E só os covardes podem evitar o perigo – mas aí já estão mortos. A pessoa que está viva, realmente viva, sempre enfrentará o desconhecido. O perigo está presente, mas ela assumirá o risco. O coração está sempre pronto para enfrentar riscos; o coração é um jogador. A cabeça é um homem de negócios. Ela sempre calcula – ela é astuta. O coração nunca calcula nada.

O que é Coragem?

Essa palavra *coragem* é bela, muito interessante. Viver segundo o coração é desvendar o significado das coisas. O poeta vive segundo o coração e logo começa a ouvir dentro dele os sons do desconhecido. A cabeça não consegue ouvir; ela está muito longe do desconhecido. Está totalmente ocupada com o conhecido.

O que é a mente? É tudo o que você conhece. É o passado, o que está morto, o que já foi. A mente não é nada mais do que o passado acumulado, a memória. O coração é o futuro; o coração é sempre a esperança, o coração é sempre algum lugar no futuro. A cabeça pensa no passado; o coração sonha com o futuro.

O futuro ainda está por vir. O futuro ainda está por ser. O futuro ainda é uma possibilidade — ele virá, está pronto para vir. A todo instante, o futuro está se tornando presente e o presente se tornando passado. O passado não tem nenhuma possibilidade, você já se serviu dele. Já se afastou dele — ele está esgotado, é uma coisa morta, é como um túmulo. O futuro é como uma semente; está vindo, sempre vindo, sempre alcançando e encontrando o presente. Você está sempre em movimento. O presente não é nada mais do que movimento em direção ao futuro. É o passo que você já deu; é avançar em direção ao futuro.

> O coração está sempre pronto para enfrentar riscos; o coração é um jogador. A cabeça é um homem de negócios. Ela sempre calcula — ela é astuta.

TODAS AS PESSOAS DO MUNDO QUEREM SER VERDADEIRAS porque só o fato de ser verdadeiro já traz tanta alegria e tanta bem-aventurança! Então para que ser falso? Você tem que ter coragem para uma introvisão um pouquinho mais profunda: Por que está amedrontado? O que o mundo pode fazer com você? As pessoas podem rir de você, isso fará bem a elas — rir é sempre um remédio, é saudável. As pessoas podem

>
>
> Por que está amedrontado? O que o mundo pode fazer com você? As pessoas podem rir de você, isso fará bem a elas – rir é sempre um remédio, é saudável.

pensar que você é louco...mas, só porque elas pensam que você é louco, isso não significa que você ficará louco.

E, se você é autêntico com relação à sua alegria, às suas lágrimas, à sua dança, mais cedo ou mais tarde haverá pessoas que começarão a entender você, que podem começar a se juntar à sua caravana. Eu mesmo comecei sozinho o meu caminho, e então as pessoas começaram a vir e ele virou uma caravana mundial! E eu não convidei ninguém; simplesmente fiz tudo o que eu sentia que vinha do meu coração.

Minha responsabilidade é para com o meu coração, não para com ninguém deste mundo. O mesmo acontece com a sua responsabilidade, é só para com o seu próprio ser. Não fique contra ele, porque ficar contra ele é suicidar-se, é destruir-se. E o que se ganha com isso? Mesmo que as pessoas passem a respeitá-lo e achem que você é um homem honrado, respeitável, sóbrio, essas coisas não vão nutrir o seu ser. Isso não vai dar a você nenhuma revelação a mais sobre a vida e sobre sua imensa beleza.

Quantos milhões de pessoas viveram antes de você nesta Terra? Você nem sabe o nome delas; se viveram ou não, isso não faz diferença. Existiram santos, existiram pecadores e existiram pessoas muito respeitáveis; e existiram todos os tipos de excêntricos, malucos, mas eles todos desapareceram – não restou sequer traço deles sobre a Terra.

A sua única preocupação deve ser velar e proteger aquelas qualidades que você pode levar com você quando a morte destruir o seu corpo, a sua mente, porque essas qualidades serão suas únicas companhias. Elas são os únicos valores verdadeiros, e as pessoas que as conquistaram – são as únicas que vivem; as outras só fingem viver.

O que é Coragem?

A KGB bateu na porta de Yussel Finkelstein numa noite escura. Yussel abriu a porta. O homem da KGB grunhiu:
– Yussel Finkelstein vive aqui?
– Não – respondeu Yussel, de pé na porta, vestindo um pijama puído.
– Não? Qual é o seu nome, então?
– Yussel Finkelstein.

O homem da KGB derrubou-o no chão com um soco e disse:
– Você não acabou de dizer que não vive aqui?
– E você chama isto de viver? – replicou Yussel.

Viver apenas não é sempre viver. Olhe a sua vida. Você pode dizer que ela é uma bênção? Pode dizer que é uma dádiva, um presente da existência? Você gostaria que essa vida fosse dada a você mais uma vez, e depois outra?

NÃO DÊ OUVIDOS ÀS ESCRITURAS – ouça o seu coração. Essa é a única escritura que eu prescrevo: ouça com muita atenção, com muita consciência e você nunca errará. E, ouvindo o seu coração, você começará a seguir na direção certa, sem mesmo pensar no que é certo ou errado.

Toda a arte para a nova humanidade consistirá no segredo de ouvir o coração conscientemente, com espírito alerta e atento. E segui-lo, onde quer que ele o leve. Sim, algumas vezes ele o deixará frente a frente com alguns perigos – mas, lembre-se, esses perigos são necessários para que você amadureça. Outras vezes, ele o fará se extraviar – mas, lembre-se mais uma vez, errar o caminho faz parte do crescimento. Muitas vezes, você cairá – torne a levantar-se, porque é assim que se reúnem forças, caindo e levantando-se novamente. É assim que se fica integrado.

Mas não siga regras impostas pelo mundo exterior. Nenhuma regra imposta pode estar certa –, pois as regras são inventadas por pessoas que querem controlar você! Sim, existiram também pessoas muito iluminadas neste mundo – Buda, Jesus, Krishna, Maomé. Elas não transmitiram regras ao mundo – transmitiram amor. Mas, a certa altura, os discípulos se reuniram e começaram a fazer códigos de conduta. Depois que o Mestre se foi, que a luz se foi, e eles ficaram na completa escuridão, começaram a tatear às cegas em busca de certas regras que pudessem seguir, porque a luz na qual eles poderiam enxergar já não estava mais ali. A partir de então, teriam que depender de regras.

O que Jesus fez era o sussurro do seu próprio coração e o que os cristãos continuam fazendo não é o sussurro do coração deles. É pura imitação – e, no momento em que imita, você insulta sua humanidade, insulta seu Deus.

Nunca imite, seja sempre original. Não vire uma cópia em papel carbono. Mas é isso o que está acontecendo no mundo todo – cópias e cópias em papel carbono.

A vida é realmente uma dança se você for original – e seu destino é ser original. Basta olhar como Krishna é diferente de Buda. Se Krishna tivesse seguido Buda, teríamos ficado sem um dos homens mais belos desta Terra. Ou, se Buda tivesse seguido Krishna, ele não teria passado de um sujeito qualquer. Imagine só Buda tocando flauta – ele teria perturbado o sono de muita gente, não era tocador de flauta. Imagine só Buda dançando; pareceria tão ridículo, simplesmente absurdo.

Esse é o mesmo caso de Krishna. Sentado sob uma árvore sem uma flauta, sem uma coroa de penas de pavão, sem belos trajes – só sentado como um mendigo sob uma árvore, de olhos fechados, sem ninguém dançando em torno dele, nenhuma dança, nenhuma música – Krishna pareceria tão pobre, tão miserável. Buda é Buda, Krishna é Krishna e você é você. E você não é, de maneira nenhuma, menos do que ninguém. Respeite-se, respeite sua voz interior e siga-a.

E, lembre-se, não estou garantindo a você que essa voz sempre o levará ao lugar certo. Muitas vezes, ela o levará ao lugar errado, pois, para encontrar a porta certa, é preciso bater primeiro em muitas portas erradas. É assim que as coisas são. Se você topar de repente com a porta certa, não será capaz de reconhecer que ela é a certa. Portanto, lembre-se de que, no final das contas, nenhum esforço é jamais desperdiçado; todos os esforços contribuem para o apogeu do seu crescimento.

Portanto, não hesite, não fique tão preocupado quando cometer um erro. Isso é um problema: ensinam às pessoas a nunca fazer nada errado, e então elas hesitam; ficam tão receosas, tão apavoradas com a possibilidade de fazer alguma coisa errada, que ficam empacadas. Não conseguem sair do lugar, alguma coisa pode dar errado. Então ficam como pedras, perdem todos os movimentos.

Cometa tantos erros quanto possível, lembre-se apenas de não cometer o mesmo erro duas vezes. E você estará crescendo. Faz parte da sua liberdade extraviar-se, faz parte da sua dignidade até ir contra Deus. E, às vezes, é belíssimo ir contra Deus. É assim que você começa a ter pulso; o contrário existe aos milhões, pessoas sem pulso.

> Buda é Buda, Krishna é Krishna e você é você. E você não é, de maneira nenhuma, menos do que ninguém. Respeite-se, respeite sua voz interior e siga-a.

Esqueça tudo o que lhe disseram, "Isto é certo e isto é errado". A vida não é tão rígida. Uma coisa que é certa hoje pode ser errada amanhã, uma coisa que é errada neste momento pode ser certa no momento seguinte. A vida não pode ser compartimentada; não é tão fácil rotulá-la, "Isto é certo, isto é errado". A vida não é uma farmácia onde todo frasco tem um rótulo e você sabe o que é o quê. A vida é um mistério: num momento uma coisa cai bem e então é certo, em outro, tantas águas já rolaram no Ganges que ela deixa de cair bem e passa a ser errada.

Qual a minha definição de certo? Aquilo que está em harmonia com a existência é certo e aquilo que não está em harmonia com a existência é errado. Você terá que estar sempre muito alerta, pois isso tem que ser decidido a todo instante. Você não pode depender de respostas prontas acerca do que é certo ou errado. Só pessoas burras dependem de respostas prontas, porque assim não precisam ser inteligentes, não é preciso. Você já sabe o que é certo e o que é errado, pode guardar a lista de cabeça; ela não é muito grande.

> Cometa tantos erros quanto possível, lembre-se apenas de não cometer o mesmo erro duas vezes. E você estará crescendo.

Os Dez Mandamentos – tão simples! – você sabe o que é certo e o que é errado. Mas a vida muda continuamente. Se Moisés voltasse, não sei se ele transmitiria a vocês os mesmos dez mandamentos – ele não poderia. Depois de três mil anos, como poderia transmitir os mesmos mandamentos? Teria que inventar alguma coisa nova.

Mas eu entendo a coisa da seguinte forma: independente dos mandamentos que são transmitidos, eles criam dificuldades para as pessoas porque, no momento em que são transmitidos, já estão desatualizados. A vida muda muito rápido, é um dinamismo, não é estática. Não é um lago de águas estagnadas, é um Ganges, flui o tempo todo. Nunca é a mesma por dois momentos consecutivos. Por isso uma coisa pode estar certa hoje e estar errada amanhã.

Então o que fazer? A única coisa possível é tornar as pessoas tão conscientes que elas mesmas possam decidir como agir diante de uma vida que está continuamente em mudança.

O que é Coragem?

Uma história zen:

Havia dois templos, rivais. Os dois mestres – com certeza só eles mesmos se denominavam mestres; deveriam ser padres, na verdade – eles eram tão contrários um ao outro que disseram aos seguidores que nunca olhassem para o templo rival.

Cada um dos sacerdotes tinha um garoto para servi-lo, ir buscar as coisas, mandar recados. O sacerdote do primeiro templo disse ao seu servo adolescente:

– Nunca fale com o garoto do outro templo. Aquela gente é perigosa.

Mas garotos são garotos. Um dia eles se encontraram na estrada e o menino do primeiro templo perguntou ao outro:

– Aonde você está indo?

– Aonde quer que o vento me leve – respondeu o outro. Esse menino era obrigado a ficar ouvindo grandes conceitos zen no templo; ele disse, "Aonde quer que o vento me leve". Uma sentença e tanto, puro Tao.

Mas o outro garoto ficou muito embaraçado, ofendido, e não conseguiu pensar numa resposta para dar a ele. Frustrado, com raiva e também se sentindo culpado... "Meu mestre disse para não falar com essa gente. Essas pessoas são *realmente* perigosas. Mas que tipo de resposta é essa? Ele me humilhou."

O menino foi até o mestre e disse o que tinha acontecido:

– Sinto muito ter falado com ele. O senhor estava certo, aquelas pessoas são estranhas. Que tipo de resposta foi aquela? Perguntei a ele

> Independente dos mandamentos que são transmitidos, eles criam dificuldades para as pessoas porque, no momento em que são transmitidos, já estão desatualizados. A vida muda muito rápido, é um dinamismo, não é estática.

"Aonde você está indo?" – uma pergunta simples, formal – e eu sabia que ele estava indo ao mercado, assim como eu. Mas ele disse, "Aonde quer que o vento me leve".

– Eu avisei você – disse o mestre. – Mas você não me ouviu. Agora olhe, amanhã esteja no mesmo lugar novamente. Quando ele vier, pergunte-lhe: "Aonde você está indo?" e ele lhe dirá, "Aonde quer que o vento me leve". Então seja também um pouco mais filosófico. Diga, "Quer dizer que você não tem pernas, então? – porque a alma não tem corpo e o vento não pode levar a alma a lugar nenhum – que acha disso?"

O menino queria estar absolutamente pronto; a noite toda ele repetiu a resposta vezes sem conta. E, na manhã seguinte, de manhã bem cedo, ele foi até lá, ficou no lugar certo e, no momento exato, o outro menino apareceu. Ele estava muito feliz, pois agora ia lhe mostrar o que era filosofia de verdade. Então perguntou:

– Aonde você está indo? – E ficou esperando...

Mas o garoto disse:

– Vou buscar verduras no mercado...

Agora, o que fazer com a filosofia que tinha aprendido?

A vida é assim. Você não pode se preparar para ela, não pode ficar pronto para ela. Essa é a beleza da vida, sua maravilha, que sempre pega você desprevenido, sempre é uma surpresa. Se você tem olhos, verá que cada momento é uma surpresa e nenhuma resposta pronta jamais se aplica a ela.

O CAMINHO DA INTELIGÊNCIA

Inteligência é vivacidade, é espontaneidade. É receptividade, é vulnerabilidade. É imparcialidade, é a coragem de viver sem conclusões. E por que eu digo que é coragem? É coragem porque, quando você vive de acordo com uma conclusão, a conclusão protege você; a conclusão dá a você segurança, proteção. Você sabe muito bem, sabe como chegar a ela, você é muito eficiente com ela. Viver sem uma conclusão é viver na inocência. Não existe segurança; você pode errar, pode se desviar do caminho certo.

Quem está pronto para empreender a exploração chamada verdade tem que estar pronto também para cometer muitos erros, equívocos – tem que ser capaz de arriscar. Pode extraviar-se, mas é assim que chega. Perdendo-se muitas vezes é que se aprende como não se perder. Cometendo muitos erros é que se aprende o que é um erro e como não cometê-lo. Estando ciente do que é um erro é que se chega cada vez mais perto da verdade. Trata-se de uma exploração pessoal; você não pode depender das conclusões dos outros.

VOCÊ NASCEU COM UMA NÃO-MENTE. Deixe isso penetrar no seu coração o mais profundamente possível, pois é assim que a porta se abrirá. Se você nasceu como uma não-mente, então a mente é só um produto social. Não é nada natural; é cultivada. Foi colocada no alto da sua cabeça.

> Cometendo muitos erros é que se aprende o que é um erro e como não cometê-lo. Estando ciente do que é um erro é que se chega cada vez mais perto da verdade. Trata-se de uma exploração pessoal; você não pode depender das conclusões dos outros.

Lá no fundo você continua livre; pode se livrar disso. Ninguém pode se livrar da natureza, mas pode se livrar do artificial assim que tomar essa decisão.

A existência precede o pensamento. Portanto, a existência não é um estado mental, é um estado que está além. *Ser*, não pensar, é o caminho para conhecer o fundamental. Ciência significa pensamento, filosofia significa pensamento, teologia significa pensamento. Religiosidade não significa pensamento. A abordagem religiosa é a abordagem do não-pensamento. É mais profunda, deixa você mais próximo da realidade. Ela põe abaixo todos aqueles impedimentos, desbloqueia você; você começa a fluir com a vida. Você deixa de achar que está separado, alguém que está simplesmente olhando. Não acha que é um observador, arredio, distante. Você encontra a realidade, mistura-se a ela e imerge dentro dela.

E existe um tipo diferente de saber. Ele não pode ser chamado "conhecimento". É mais amor e menos conhecimento. É tão profundo que a palavra *conhecimento* não é suficiente para expressá-lo. A palavra *amor* é mais adequada, mais expressiva.

Na história da consciência humana, a primeira coisa que evoluiu foi a mágica. A mágica era uma combinação de ciência e religião. A mágica tinha alguma coisa da mente e alguma coisa da não-mente. Então, a partir da mágica surgiu a filosofia. E, a partir da filosofia, surgiu a ciência. A mágica era não-mente e mente. A filosofia era só mente. Então mente mais experimentação virou ciência. A religiosidade é um estado de não-mente.

Mais uma coisa... O pensamento só pode pensar no conhecido – só pode mastigar o que já foi mastigado. O pensamento nunca pode ser original. Como você pode pensar no desconhecido? Tudo o que você *pode* manejar de forma a poder pensar pertencerá ao que já é conhecido. Você só pode pensar porque conhece. O pensamento pode, no máximo, criar novas combinações. Você pode pensar num cavalo que voa no céu, que é feito de ouro, mas nada disso é novo. Você conhece pássaros que voam no céu, conhece o ouro, conhece cavalos; então combina os três. O pensamento pode, no máximo, engendrar novas combinações. Mas não pode desvendar o desconhecido. O desconhecido está além do pensamento. Este, portanto, se move em círculos, explorando o conhecido uma vez, outra vez e mais outra. Continua a mastigar o mastigado. O pensamento nunca é original.

Deparar com a realidade de forma original, radical; deparar com a realidade sem nenhum mediador – deparar com a realidade como se fosse a primeira pessoa a existir –, isso é libertador. A novidade é que liberta.

A VERDADE É UMA EXPERIÊNCIA, NÃO UMA CRENÇA. A verdade nunca é descoberta estudando-se sobre ela; a verdade tem que ser encontrada, tem que ser defrontada. A pessoa que estuda sobre o amor é como a pessoa que estuda sobre o Himalaia olhando um mapa das montanhas. O mapa não é a montanha! Se você começar a acreditar no mapa, continuará não conhecendo a montanha. Se ficar muito obsessivo com relação ao mapa, a montanha pode estar ali bem na sua frente e você não será capaz de vê-la.

As coisas são assim. A montanha está na sua frente, mas seus olhos estão pregados nos mapas – mapa da montanha, mapas diferentes da mesma montanha, feito por exploradores diferentes. Alguém escalou a montanha pelo lado norte, alguém pelo lado leste. E fizeram mapas diferentes: o Alcorão, a Bíblia, o Gita – mapas diferentes da mesma verdade. Mas você está carregando mapas demais, está oprimido demais pelo peso deles; não consegue dar sequer um passo. Você não consegue ver a montanha que está bem ali na sua frente, seus picos cobertos de neve, que brilha como ouro sob o céu da manhã. Você não tem olhos para vê-la.

O olho preconceituoso é cego, o coração cheio de conclusões está morto. Faça muitas pressuposições e sua inteligência começará a perder a perspicácia, a beleza, a intensidade. Fica obtusa.

A inteligência obtusa é o que chamamos de intelecto. Os que vocês chamam de *intelligentsia* não são de fato inteligentes; eles são apenas intelectuais. O intelecto é um cadáver. Você pode enfeitá-lo – enfeitá-lo com grandes pérolas, diamantes, esmeraldas, mas um cadáver ainda é um cadáver.

Estar vivo é uma coisa totalmente diferente.

> O olho preconceituoso é cego, o coração cheio de conclusões está morto. Faça muitas pressuposições e sua inteligência começa a perder a perspicácia, a beleza, a intensidade. Fica obtusa. A inteligência obtusa é o que chamamos de intelecto.

CIÊNCIA SIGNIFICA SER PRECISO, ser absolutamente preciso, a respeito dos fatos. E, se você é muito preciso, então não consegue perceber o misterioso – quanto mais preciso você é, mais o mistério se evapora. O mistério necessita de uma certa imprecisão, o mistério precisa de algo indefinido, não demarcado. A ciência é factual; o mistério não é factual, é existencial.

O fato é somente uma parte da existência. Uma parte muito pequena, e a ciência lida com partes porque é mais fácil lidar com partes. Elas são menores, você pode analisá-las; não se sente sobrecarregado por elas; cabem nas suas mãos. Você pode dissecá-las, rotulá-las, ficar absolutamente certo acerca das suas qualidades, quantidades, possibilidades – mas justamente nesse processo o mistério é aniquilado. A ciência é a assassina do mistério.

Se você quiser experimentar o misterioso, terá que entrar por outra porta, a partir de uma dimensão totalmente diferente. A dimensão da mente é a dimensão da ciência, e a dimensão da meditação é a dimensão do milagroso, do misterioso.

A meditação faz com que tudo fique impreciso. Ela leva você ao desconhecido, ao inexplorado. Leva você devagarinho a uma espécie de dissolução em que observador e objeto observado tornam-se uma coisa só. Mas isso não é possível na ciência. O observador tem que ser o observador e o objeto observado tem que ser o objeto observado, e é preciso manter continuamente uma distinção bem definida. Nem mesmo por um instante você pode ficar interessado, absorvido, assoberbado, apaixonado, encantado pelo objeto da sua investigação. Você tem que ser imparcial, tem que ser muito frio – frio, absolutamente indiferente. E a indiferença mata o mistério.

Se você realmente quiser a experiência do misterioso, então terá que abrir uma nova porta no seu ser. Não estou dizendo para você deixar de ser um cientista; estou dizendo simplesmente que a ciência, para você, pode se resumir a uma atividade periférica. Quando estiver no laboratório, seja um cientista; quando sair do laboratório, esqueça tudo sobre ciência. Então ouça os passarinhos – e não de modo científico! Olhe as flores – e não de modo científico, porque, quando você olha uma rosa de modo científico, é um tipo de coisa totalmente diferente que você está olhando. Não é a mesma rosa que o poeta vê.

A ciência é a assassina do mistério. Se você quiser experimentar o misterioso, terá que entrar por outra porta, a partir de uma dimensão totalmente diferente.

A experiência não depende do objeto. A experiência depende do experienciador, na qualidade de experimentando.

OLHE PARA UMA FLOR, TORNE-SE A FLOR, dance ao redor dela, cante uma canção. O vento é fresco e revigorante, o sol é cálido e a flor está em sua pujança. A flor está dançando ao vento, festejando, cantando uma canção, dando aleluias. Festeje com ela! Deixe de lado a indiferença, a objetividade, a imparciabilidade. Deixe de lado todas as suas atitudes científicas. Fique um pouco mais fluido, mais enternecido, mais absorvido. Deixe a flor lhe falar ao coração, deixe-a entrar no seu ser. Convide-a – ela é uma hóspede. Então você terá um pouco do sabor do mistério.

Esse é o primeiro passo em direção ao misterioso e, se você conseguiu ser um participante por um momento, você conheceu a chave, o segredo do derradeiro passo. Então torne-se um participante de tudo o que estiver fazendo. Caminhando, não faça isso mecanicamente apenas, deixe de observar apenas o caminhar – seja o caminhar. Dançando, não faça isso tecnicamente. A técnica é irrelevante. Você pode estar tecnicamente correto e ainda assim perder toda a alegria da coisa. Dissolva-se na dança, torne-se a dança, esqueça o dançarino.

Quando essa unidade profunda começar a acontecer em muitas, muitas, muitas fases da sua vida, quando todos à sua volta começarem a passar por essas experiências formidáveis de desaparição, de ausência de ego, de inexistência...quando a flor estiver ali e você não estiver, o arco-íris estiver ali e você não estiver... quando as nuvens estiverem vagando no céu tanto dentro quanto fora e você não estiver... quando houver um silêncio absoluto dentro de você – quando não houver ninguém em você, só puro silêncio, um silêncio imaculado, imperturbado, intocado pela lógica, pelo pensamento, pela emoção, pelo sentimento – esse é o momento da meditação. A mente se foi; e, quando a mente se vai, o mistério vem.

O CAMINHO DA CONFIANÇA

A CONFIANÇA É A MAIOR INTELIGÊNCIA. Por que as pessoas não confiam? Porque elas não confiam na inteligência que têm. Elas têm medo, têm medo de serem enganadas. Elas têm medo; é por isso que duvidam. A dúvida vem do medo. A dúvida vem de um tipo de insegurança com relação à própria inteligência. Você não é tão seguro que possa confiar e meter-se a ter confiança. A confiança precisa de grande inteligência, coragem, integridade. É preciso de um grande coração para ter confiança. Se não tem inteligência suficiente, você se protegerá por meio da dúvida.

Se você tem inteligência, está pronto para enfrentar o desconhecido porque sabe que, mesmo que todo o mundo conhecido desapareça e você se veja em meio ao desconhecido, será capaz de colonizá-lo. Será capaz de fazer uma casa ali no desconhecido. Você confia na sua inteligência. A dúvida está de guarda; a inteligência mantém-se aberta, pois ela sabe: "Aconteça o que acontecer, serei capaz de enfrentar o desafio, de responder adequadamente." A mente medíocre não tem confiança nela mesma. O conhecimento é medíocre.

> Por que as pessoas não confiam? Porque elas não confiam na inteligência que têm. Elas têm medo, têm medo de serem enganadas.

Estar no estado de não-saber é inteligência, é consciência – e é não-cumulativo. Cada momento que venha a acontecer desaparece, sem deixar nenhum rastro, nenhum rastro existencial. Outro vem depois, outra vez puro, outra vez inocente, outra vez como uma criança.

Não tente entender a vida. Viva-a! Não tente entender o amor. Entregue-se ao amor. Então você saberá – e esse saber virá da sua experiência. Esse saber nunca destruirá o mistério: quanto mais você sabe, mais você sabe que ainda há muito para saber.

A vida não é um problema. Olhar para ela como se fosse um problema é dar um passo errado. Ela é um mistério para ser vivido, amado, conhecido por meio da experiência.

Na verdade, a mente que está sempre atrás de explicações é uma mente amedrontada. Por causa do grande medo, ela quer que tudo seja explicado. Ela não se envolve com nada antes que isso seja explicado para ela. Com as explicações, ela sente que o terreno passa a ser familiar; ela já sabe a geografia, já pode andar com o mapa e o guia e a tábua de horários. Ela nunca está pronta para enfrentar um território desconhecido, inexplorado, sem um mapa, sem um guia. Mas a vida é assim, e nenhum mapa é possível porque a vida continua mudando. Todo momento é agora. Não há nada velho sob o sol; digo a você: todas as coisas são novas. É um dinamismo tremendo, um movimento absoluto. Só a mudança é permanente, só a mudança nunca muda.

> A vida não é um problema. Olhar para ela como se fosse um problema é dar um passo errado. Ela é um mistério para ser vivido, amado, conhecido por meio da experiência.

O resto está sempre mudando, portanto, você não pode ter um mapa; no momento em que o mapa ficar pronto, ele já estará desatualizado. No momento em que o mapa estiver disponível, ele já será inútil; a vida mudou seu curso. A vida começou a jogar um outro jogo. Você não pode enfrentar a vida com um mapa debaixo do braço porque ela não é mensurável, e você não pode enfrentar a vida com um guia debaixo do braço porque os guias são possíveis apenas se as coisas forem estagnadas. A vida não é estagnada – ela é um dinamismo, é um processo. Você não pode ter um mapa dela. Ela não é mensurável, é um mistério imensurável. Não peça explicações.

E isso eu chamo de maturidade da mente: quando alguém chega ao ponto de olhar a vida sem perguntas e simplesmente mergulha dentro dela com coragem e destemor.

O MUNDO TODO É CHEIO DE PESSOAS PSEUDO-RELIGIOSAS – igrejas, templos, *gurudwaras*, mesquitas, cheios de pessoas religiosas. E você não vê que o mundo é absolutamente irreligioso? Com tantas pessoas religiosas, o mundo é tão irreligioso – como está acontecendo esse milagre? Todo mundo é religioso e a soma disso é a falta de religiosidade. A religião é falsa. As pessoas têm uma confiança "cultivada". A confiança tornou-se uma crença, não uma experiência. Elas estão sendo ensinadas a acreditar, não a conhecer – é aqui que a humanidade se perdeu.

Nunca acredite. Se você não consegue confiar, é melhor duvidar, porque, por meio da dúvida, um dia a possibilidade de confiar surgirá. Você não pode viver com dúvida eternamente. A dúvida é uma doença; é uma enfermidade. Na dúvida, você nunca consegue se sentir pleno; na dúvida, você sempre vacilará; na dúvida, você sempre ficará em agonia, dividido e indeciso. Na dúvida, você viverá um pesadelo. Então um dia você começará a procurar um jeito de superá-la. Por isso, eu digo que é bom ser ateu em vez de teísta, um pseudoteísta.

Ensinaram você a acreditar – desde a mais tenra infância, a mente de todas as pessoas têm sido condicionada a acreditar: acreditar em Deus, acreditar na alma, acreditar nisto, acreditar naquilo. Agora essa crença já impregnou os seus ossos e o seu sangue, mas continua sendo uma crença – você não conhecia. E, a menos que você *conheça*, não pode ser libertado. O conhecimento liberta. Só o saber liberta. Todas as crenças são emprestadas; os outros as deram a você, elas não brotaram em você. E como pode uma coisa emprestada levá-lo até o real, o absolutamente real? Largue tudo o que você pegou dos outros. É melhor ser um mendigo do que ser rico – rico não devido aos próprios ganhos, rico devido a coisas roubadas; rico por meio de coisas que tomou emprestado, rico por meio da tradição, rico por meio de herança. Não, é melhor ser mendigo, mas estar por sua própria conta. Essa pobreza tem em si uma riqueza, porque é verdadeira, e sua riqueza de crença é muito pobre. Essas crenças podem nunca tornar-se muito profundas; elas permanecem, quando muito, na superfície. Arranhe um pouco e a descrença aparece.

Você acredita em Deus; mas aí o seu negócio fracassa e de repente a descrença aparece. Você diz, "Não acredito, não consigo acreditar em Deus". Você acredita em Deus e um ente querido morre, e a descrença vem à tona. Você acredita em Deus e basta a morte de um ente querido para essa crença ser destruída? Essa crença não vale muito. A confiança nunca pode ser destruída – depois que ela está ali, nada pode destruí-la. Nada, absolutamente nada, pode destruí-la.

Por isso, lembre-se, existe uma grande diferença entre confiança e crença. A confiança é pessoal; a crença é social. A confiança você tem que fazer brotar de dentro; a crença você pode cultivar, seja você quem for, e a crença pode ser imposta a você. Largue as crenças. O medo aparece – porque, se você larga a crença, a dúvida emerge. Toda crença está forçando a dúvida a se esconder em algum lugar, está reprimindo a dúvida. Não se preocupe; deixe que surja a dúvida. Todo mundo tem de passar por uma noite escura antes de ver o nascer do sol. Todo mundo tem de passar pela dúvida. Longa é a jornada, escura é a noite. Mas quando,

> E isso eu chamo de maturidade da mente: quando alguém chega ao ponto de olhar a vida sem perguntas e simplesmente mergulha dentro dela com coragem e destemor.

depois da longa jornada e da noite escura, o dia amanhece, então você sabe que tudo valeu a pena. A confiança não pode ser "cultivada" – e nunca tente cultivá-la; é isso que toda a humanidade tem feito. A confiança cultivada vira crença. Descubra a confiança dentro de você, não a cultive. Penetre fundo no seu ser, na própria fonte do seu ser, e descubra-a.

A INDAGAÇÃO PRECISARÁ DA CONFIANÇA, pois você estará explorando o desconhecido. Ela exigirá uma confiança e coragem tremendas, pois você estará se afastando do convencional e do tradicional; você estará se afastando da multidão. Estará entrando em mar aberto, sem saber se a outra costa existe de fato.

Todas as crenças são emprestadas; os outros as lhe deram, elas não brotaram em você. E como pode uma coisa emprestada levá-lo até o real, o absolutamente real?

Eu não posso conduzi-lo a uma indagação como essa sem prepará-lo para ter confiança. Vai parecer contraditório, mas o que eu posso fazer? – a vida é assim. Só um homem com uma grande confiança é capaz de uma grande dúvida, de uma grande indagação.

Um homem com pouca confiança só pode duvidar um pouco. Um homem sem confiança só pode fingir que duvida. Ele não pode indagar profundamente. A profundidade vem pela dúvida – e é um risco. Antes que eu mande você para um mar inexplorado, tenho que prepará-lo para essa imensa jornada em que você estará sozinho – mas eu posso levá-lo até o barco. Primeiro você tem que saber a respeito da beleza da confiança, o êxtase do caminho do coração – então, quando você explorar o mar aberto da realidade, terá coragem suficiente para continuar avançando. O que quer que aconteça, você terá confiança suficiente em si.

Veja só, como você pode confiar em alguém ou em algo se não confia em si mesmo? É impossível. Se você duvida de si mesmo, como pode confiar? É você quem vai confiar, e você não confia em si mesmo – como pode confiar na sua confiança? Antes que o intelecto possa ser transformado em inteligência, é absolutamente necessário que o coração esteja aberto. Essa é a diferença entre intelecto e inteligência.

Inteligência é intelecto em sintonia com o coração.

O coração sabe confiar.

O intelecto sabe buscar e procurar.

Há uma antiga história oriental:

Dois mendigos moravam nos arredores de uma aldeia. Um era cego e o outro aleijado. Um dia, a floresta onde os mendigos costumavam viver pegou fogo. Eles eram concorrentes, é claro – estavam na mesma profissão, pedindo esmolas para as mesmas pessoas – e estavam sempre com raiva um do outro. Eram inimigos, não amigos.

Pessoas da mesma profissão não podem ser amigas. É muito difícil, é uma questão de concorrência, de freguesia – um toma os fregueses do outro. Os mendigos marcavam seus clientes: "Lembre que este homem é meu; não o incomode." Você não sabe a que mendigo você pertence, de que mendigo você é uma simples posse, mas algum mendigo na rua tem posse sobre você. Ele pode ter brigado e vencido a batalha e agora você pertence a ele...

Eu costumava ver um mendigo perto da universidade e um dia encontrei-o no mercado. Ele estava sempre ali, perto da universidade, por-

> A confiança é pessoal; a crença é social.
>
> A confiança você tem que fazer brotar de dentro; a crença você pode cultivar, seja você quem for, e a crença pode ser imposta a você. Largue as crenças.

que as pessoas jovens são mais generosas; as mais velhas devagar vão ficando mais miseráveis, mais medrosas. A morte está se aproximando, agora o dinheiro parece ser a única coisa que pode ajudar. E, se eles tiverem dinheiro, então os outros podem ajudá-los também; e, se não tiverem, nem os próprios filhos ou filhas se incomodarão com eles. Mas os jovens podem esbanjar. Eles são jovens, podem ganhar; a vida está ali, têm uma vida pela frente.

Ele era um mendigo rico porque, na Índia, um estudante só chega à universidade se vier de família rica; do contrário, é um batalhador. Algumas pessoas pobres também cursam a universidade, mas é doloroso, árduo. Eu também era de família pobre. A noite toda eu trabalhava como editor de um jornal, e de dia ia para a universidade. Durante anos não pude dormir mais do que três ou quatro horas – só dormia quando tinha tempo, de dia ou de noite.

Assim, esse ladrão era muito forte. Nenhum outro ladrão podia entrar na rua da universidade, até o portão principal era proibido. Todo mundo sabia a quem pertencia a universidade – àquele mendigo! Um dia eu vi de repente um jovem; o velho não estava lá. Perguntei a ele:

– O que aconteceu? Onde está o velho?

– Ele é meu sogro – respondeu. – Deu a universidade para mim de presente.

A universidade, porém, não sabia que o proprietário tinha mudado, que outra pessoa era agora seu dono.

– Casei-me com a filha dele – disse o jovem.

Um homem com pouca confiança só pode duvidar um pouco. Um homem sem confiança só pode fingir que duvida. Ele não pode indagar profundamente. A profundidade vem pela dúvida – e é um risco.

Na Índia, você ganha um dote quando se casa com a filha de alguém. Não basta se casar com a filha; seu sogro tem que dar a você, se for rico, um carro, um bangalô. Se não for muito rico, então pelo menos uma lambreta; se não, pelo menos uma bicicleta, mas ele tem que dar uma coisa ou outra – um rádio, um aparelho transistor, um televisor – e algum dinheiro. Se ele for realmente rico, então dará a você uma oportunidade de ir para o exterior, de estudar, de se tornar uma pessoa mais instruída, um doutor, um engenheiro – e ele pagará por isso.

A filha desse mendigo havia se casado e como dote o jovem recebera a universidade inteira.

– A partir de hoje – disse ele –, esta rua e esta universidade me pertencem. E meu sogro me mostrou quem são os meus clientes.

Eu vi o velho no mercado e então disse a ele:

– Muito bem! Você fez bem em dar um dote.

– Fiz – respondeu ele. – Eu só tenho uma filha e queria fazer algo pelo meu genro. Dei a ele o melhor lugar para pedir esmolas. Agora estou aqui tentando novamente conseguir o monopólio do mercado. É um trabalho duro este aqui, porque há muitos mendigos, mendigos veteranos que já são donos dos clientes. Mas não há nada com que me preocupar. Vou dar um jeito; vou tirar uns mendigos daqui – disse com convicção.

Então, quando a floresta estava em chamas, esses dois mendigos pensaram por um instante. Eles eram inimigos, nem sequer se falavam, mas tratava-se de uma emergência. O homem cego disse para o outro aleijado:

– Agora, o único jeito de escaparmos é você se sentar nos meus ombros; você usa as minhas pernas e eu uso os seus olhos. Esse é o único jeito de podermos nos salvar.

Imediatamente isso foi acertado. Não houve nenhum problema. O aleijado não conseguiria sair dali; para ele, era impossível cruzar a floresta – estava tudo em chamas. Ele poderia se locomover um pouco, mas isso não ajudaria em nada. Era preciso achar uma saída, e uma saída rápida. O homem cego também estava certo de que não conseguiria sair dali. Ele não sabia de onde vinha o fogo, para que lado era a estrada e onde as árvores estavam queimando e onde não estavam. Um homem cego...ele ficaria perdido. Mas ambos eram inteligentes; deixaram de lado a inimizade, ficaram amigos e salvaram a pele um do outro.

Essa é uma fábula oriental. E também é uma fábula sobre o intelecto e o coração. Não tem nada que ver com mendigos, tem algo que ver com você. Não tem nada que ver com a floresta em chamas, tem algo que ver com você – porque você está em chamas. A todo momento, você está queimando, sofrendo, angustiado, aflito. Sozinho, seu intelecto é cego. Tem pernas, pode correr depressa, pode se mover depressa, mas porque é cego não consegue saber qual a direção certa a seguir. E está fadado a ficar o tempo todo tropeçando, caindo, machucando-se e achando que a vida não tem sentido. É isto que os intelectos do mundo inteiro estão dizendo: "A vida não tem sentido."

A vida parece não ter sentido porque o intelecto cego está tentando ver a luz. Isso é impossível.

Existe um coração dentro de você, que vê, que sente, mas que não tem pernas; não pode correr. Ele fica ali onde está, batendo, esperando...um dia o intelecto entenderá isso e será capaz de usar os olhos do coração.

Quando menciono a palavra *confiança* quero dizer os olhos do coração.

E quando digo *dúvida* quero dizer as pernas do intelecto.

Os dois juntos podem escapar do fogo; isso não será problema. Mas, lembre-se, o intelecto tem que aceitar o coração sobre seus ombros. Ele tem que aceitar. O coração não tem pernas, só olhos, e o intelecto tem que ouvir o coração e seguir suas instruções.

Nas mãos do coração, o intelecto fica inteligente. Trata-se de uma transformação, uma transformação total de energia. A pessoa não passa a ser intelectual, ela simplesmente fica sábia.

A sabedoria surge do encontro do coração e do intelecto. E, depois que você aprendeu a arte de como criar uma sincronicidade entre as batidas do seu coração e os mecanismos do seu intelecto, você tem todo segredo nas mãos, tem a chave-mestra para desvendar todos os mistérios.

O CAMINHO DA INOCÊNCIA

A verdadeira questão não é a coragem; a verdadeira questão é que o conhecido está morto e o desconhecido está vivo. Apegar-se ao conhecido é apegar-se a um cadáver. Não é preciso coragem para se livrar desse apego; na verdade, é preciso coragem para continuar apegado a um cadáver. Basta ver... Aquilo que é familiar para você, que você viveu – para que serviu? Onde é que levou você? Você ainda não está vazio? Não existe ainda um imenso descontentamento, uma frustração, uma falta de sentido profundos? De alguma forma, você continua dando um jeito, escondendo a verdade e inventando mentiras para permanecer entretido, ocupado.

A questão é esta: ver com clareza que tudo o que você sabe pertence ao passado, já passou. Faz parte de um cemitério. Você quer ficar numa tumba ou quer permanecer vivo? E essa questão não é só de hoje; será a questão de amanhã e de depois de amanhã. E será essa também a questão quando você der seu último suspiro.

O que quer que você saiba, que tenha acumulado – informações, conhecimento, experiência –, no momento em que explorou todas essas coisas, já liqüidou com elas. Agora, carregar essas palavras vazias, esse peso morto, é aniquilar sua vida, oprimi-la, impedir que você se torne um ser vivo, exultante – que espera por você a cada minuto.

O homem de entendimento morre a todo instante para o passado e renasce para o futuro. Seu presente é sempre uma transformação, um renascimento, uma ressurreição. Não se trata em hipótese alguma de coragem, isso é a primeira coisa que tem de ser entendida. É uma questão de clareza, de ter uma idéia clara do que é cada coisa.

E, em segundo lugar, sempre que se tratar de fato de uma questão de coragem, saiba que ninguém pode dá-la a você. Não é o tipo de coisa que se possa dar de presente. É algo com que você nasce, mas que não deixou que crescesse, não deixou que se firmasse.

INOCÊNCIA É CORAGEM E AO MESMO TEMPO CLAREZA. Você não precisa ter coragem caso seja inocente. Também não precisa de clareza, porque nada pode ser mais claro, mais cristalino, do que a inocência. Portanto, a questão toda se resume em como se proteger da própria inocência.

A inocência não é uma conquista. Também não é algo que se aprenda. Não é tampouco um talento como a pintura, a música, a poesia, a escultura. Não é esse tipo de coisa. É mais como respirar, algo com que você nasce.

A inocência é a natureza de todos nós. Não existe ninguém que não tenha nascido inocente.

Como alguém poderia não ter nascido inocente? Nascimento significa que você veio para este mundo como uma *tabula rasa*, sem nada

> Nas mãos do coração, o intelecto fica inteligente. Trata-se de uma transformação, uma transformação total de energia. A pessoa não passa a ser intelectual, ela simplesmente fica sábia.

escrito em você. Você só tem futuro, não tem passado. Esse é o significado de inocência. Portanto, primeiro procure entender todos os significados do termo inocência.

O primeiro é: nenhum passado, só futuro.

O passado corrompe porque confere a você lembranças, experiências, expectativas. Tudo isso junto faz de você uma pessoa esperta, mas não lúcida. Faz de você uma pessoa astuta, mas não inteligente. Isso pode ajudá-lo a ter sucesso no mundo, mas, no âmago do seu ser, você será um fracasso. E todo o sucesso do mundo não significa nada comparado ao fracasso que você um dia vai ter de encarar, porque, no final, só o seu mundo interior permanece com você. Todo o resto se perde: sua glória, seu poder, seu nome, sua fama – tudo começa a desaparecer como sombras.

No fim, só restará o que você trouxe desde o início. Você só pode levar deste mundo aquilo que trouxe para cá.

Na Índia, faz parte da sabedoria popular a idéia de que este mundo é como a sala de espera de uma estação de trem; não é a nossa casa. Você não vai ficar na sala de espera para sempre. Nada na sala de espera pertence a você – a mobília, os quadros nas paredes... Você os usa – vê o quadro, senta-se na cadeira, descansa na cama –, mas nada pertence a você. Você só está ali por alguns minutos ou por algumas horas no máximo, depois irá embora.

Tudo bem, o que trouxe consigo, para a sala de espera, você levará de volta com você; é seu. O que você trouxe a este mundo? E o mundo certamente é uma sala de

> O homem de entendimento morre a todo instante para o passado e renasce para o futuro. Seu presente é sempre uma transformação, um renascimento, uma ressurreição.

espera. A espera pode não ser de segundos, minutos, horas, dias, pode ser de anos; mas o que importa se você espera sete horas ou setenta anos?

Você talvez esqueça, nesses setenta anos, que está apenas numa sala de espera. Talvez comece a pensar que é dono de tudo isso, que essa talvez seja a casa que você construiu. Pode começar a pôr placas com seu nome na sala de espera.

Existem pessoas – eu vi isso porque viajava muito – que escrevem o próprio nome nos banheiros das salas de espera. Pessoas que gravam o próprio nome nos móveis das salas de espera. Parece estúpido, mas é muito parecido com o que as pessoas fazem neste mundo.

Você não precisa ter coragem caso seja inocente. Também não precisa de clareza, porque nada pode ser mais claro, mais cristalino, do que a inocência. Portanto, a questão toda se resume em como se proteger da própria inocência.

Há uma história digna de nota nas antigas escrituras jainistas. Na Índia, existe a crença de que, se alguém pode se tornar imperador do mundo inteiro, essa pessoa é chamada de chakravartin. A palavra *chakra* significa "roda". Na Índia antiga, existia um jeito de evitar brigas e violência desnecessárias: uma carruagem de ouro, muito valiosa, com cavalos belos e fortes, viajava de um reino para outro. Se o reino não resistisse e deixasse a carruagem passar, isso significava que ele tinha aceito o dono da carruagem como seu superior. Então não era preciso brigar.

A carruagem, então, podia prosseguir e, se algum povo impedisse a passagem da carruagem, haveria guerra. Se a carruagem tivesse o caminho livre por onde quer que passasse, então, sem que houvesse guerra, constatava-se a superioridade do rei: ele tornava-se um chakravartin, ou seja, aquele cuja roda pusera-se em movimento e ninguém fora capaz de impedir. Este havia sido o desejo de todos os reis: tornar-se um chakravartin.

Certamente é preciso mais poder do que o que demonstrou Alexandre, o Grande. Só o fato de mandar a carruagem... é preciso um poder tremendo para agüentar isso. É preciso certeza absoluta de que, se a carruagem tiver sua passagem obstruída, haverá uma mortandade. Significa que o homem já é reconhecido, que, se ele quiser conquistar qualquer um ali, não haverá como evitar que ele o conquiste.

Mas trata-se de um jeito muito mais simbólico, mais civilizado. Não há necessidade de ataque, nem de se começar a matar; basta mandar essa mensagem simbólica. Portanto, com a bandeira do rei a carruagem seguirá em frente e, se o outro rei achar que não há por que resistir – que brigar significará derrota e violência desnecessária, destruição –, ele dará as boas-vindas à carruagem e, em sua capital, flores serão atiradas sobre a carruagem.

> No fim, só restará o que você trouxe desde o início.
>
> Você só pode levar deste mundo aquilo que trouxe para cá.

Esse parece um jeito bem mais civilizado do que o que países como a União Soviética e os Estados Unidos vão usar. Mande simplesmente uma linda carruagem – mas isso significa que a sua força deve ser algo absolutamente certo para você; e não só para você, como para o mundo todo. Só então um símbolo como esse poderá ser de alguma ajuda. Por isso todo rei tem o desejo de se tornar um chakravartin algum dia.

A história é que um homem tornou-se chakravartin – e acontece que só uma vez em milhares de anos um homem torna-se chakravartin. Nem mesmo Alexandre, o Grande, foi imperador do mundo todo; ainda havia muito o que conquistar. E ele morreu muito jovem, tinha só

33 anos; não teve sequer tempo para conquistar o mundo. Como conquistar tudo se nem sequer se conhecia o mundo todo?! Metade do mundo era desconhecido e metade era conhecido, e mesmo essa metade não tinha sido conquistada. Esse homem, de quem vou contar a história, tornou-se um chakravartin.

Dizem que, quando um chakravartin morre – pelo fato de só haver um chakravartin a cada mil anos ou mais, ele é um ser raro –, quando ele morre, é recebido no céu com grande alegria e levado para um lugar especial.

Na mitologia jainista, existe no céu uma montanha paralela aos Himalaias. Os Himalaias são feitos só de rocha, terra e gelo. O paralelo aos Himalaias, no céu, é chamado Sumeru. Sumeru significa a montanha suprema: nada pode ser mais alta do que ela, nada pode ser melhor. É ouro puro; em vez de rocha, há diamantes, rubis e esmeraldas.

Quando um chakravartin morre, ele é levado à montanha Sumeru para gravar seu nome nela. Trata-se de uma oportunidade rara: isso só acontece uma vez a cada milhares de anos. É claro que esse homem estava extremamente comovido pelo fato de estar prestes a gravar seu nome no Sumeru. Essa era a lista máxima de todas as grandes personalidades que tinham existido e também seria a lista de todas aquelas que um dia existiriam. Esse imperador estava se tornando parte de uma linhagem de super-homens.

O guardião do portal deu a ele instrumentos para gravar seu nome. Ele queria levar com ele algumas pessoas que haviam se suicidado só para acompanhar o imperador na morte – não conseguiam nem pensar na hipótese de viver sem ele. A imperatriz, o primeiro-ministro, o comandante-em-chefe, todos os grandes homens e mulheres que o cercavam tinham se suicidado, então tiveram que vir com ele.

O imperador queria que o guardião do portal deixasse que todos o vissem gravar seu nome, porque qual é a graça se você vai sozinho, grava seu nome e ninguém está ali nem para ver? – porque a verdadeira alegria é que o mundo todo possa ver.

O guardião do portal disse:

– Ouça meu conselho, porque essa é a profissão que herdei. Meu pai foi guardião do portal, o pai dele foi guardião do portal; por séculos temos sido guardiões do portal da montanha Sumeru. Ouça meu conselho: não os leve com você, senão vai se arrepender.

O imperador não entendeu o porquê, mas também não podia ignorar o conselho – afinal que interesse aquele homem poderia ter ao preveni-lo?

– Se você ainda quer que eles o vejam – continuou o guardião do portal –, primeiro grave o nome na pedra; então volte e leve-os com você se quiser. Não faço nenhuma objeção; mesmo agora, se quiser levá-los, tudo bem, mas, caso decida não fazer isso, então não haverá chance de voltar atrás... eles estarão com você. É melhor ir sozinho.

Esse parecia um conselho absolutamente sensato. O imperador disse:

– É uma boa idéia. Eu irei sozinho, gravo meu nome, volto e chamo a todos.

– Estou de pleno acordo – assentiu o guardião.

O imperador foi e viu o Sumeru brilhando sob milhares de sóis – porque no céu você não pode ser tão pobre a ponto de ter somente um sol – milhares de sóis e uma montanha de ouro tão grande quanto os Himalaias – e os Himalaias têm quase cinco mil quilômetros! Por um momento ele não conseguiu abrir os olhos, tão fulgurante era a paisagem. E então começou a procurar um espaço, o espaço certo, mas ficou atônito: não havia um só espaço; em toda a montanha já havia nomes gravados.

Ele não podia acreditar nos próprios olhos. Pela primeira vez, tomou consciência do que ele era. Até então pensara que era um super-homem que só aparecia uma vez em milhares de anos. Mas o tempo é eterno; mesmo milhares de anos não fariam diferença, tantos eram os chakravartins que já haviam existido. Não havia espaço, na maior das montanhas de todo o universo, onde ele pudesse escrever seu pequenino nome.

Ele voltou, e agora sabia que o guardião do portal estava certo ao aconselhá-lo a não levar a mulher, o comandante-em-chefe, o primeiro-ministro e outros amigos íntimos. Fora bom que eles não tivessem visto a situação. Eles ainda poderiam acreditar que seu imperador era um ser raro.

O imperador chamou de lado o guardião do portal e disse:

– Mas não há espaço!

– É o que estou dizendo a você – respondeu o guardião. O que você tem de fazer é apagar alguns nomes e escrever o seu. É isso que tem sido feito; a minha vida toda eu tenho visto isso, meu pai costumava dizer o mesmo. O pai do meu pai – ninguém da minha família jamais viu o Sumeru vazio ou com algum espaço, jamais.

– Todos os chakravartins que vieram tiveram que apagar alguns nomes e escrever o próprio. Portanto, essa não é a história toda dos chakravartins, muitas vezes ela foi apagada e muitas vezes foi gravada. Você simplesmente faz o que tem de fazer e então, se quiser mostrar aos seus amigos, pode mandá-los entrar.

– Não, não quero mostrar a eles e não quero nem mesmo escrever o meu nome – respondeu o imperador. – Para quê? Algum dia virá alguém e o apagará.

– Minha vida toda ficou absolutamente sem sentido. Essa era a minha única esperança, que o Sumeru, a montanha de ouro no céu, fosse ter o meu nome. Por isso eu vivi, por isso arrisquei minha vida, por isso eu estava pronto para matar o mundo inteiro. E qualquer um pode apagar o meu nome e escrever o seu. Para que escrevê-lo, então? Não escreverei.

O guardião do portal deu uma risada.

– Por que está rindo? – perguntou o imperador.

– É estranho, porque isso é o que também tenho ouvido dos meus avós – que os chakravartins vêm e, sabendo da história toda, voltam; não escrevem o nome deles lá. Você não é novidade: qualquer um com um pouco de inteligência faria o mesmo.

Neste mundo todo, o que você pode ganhar? O que pode levar com você? Seu nome, seu prestígio, sua respeitabilidade? Seu dinheiro, seu poder – o quê? Sua cultura? Você não pode levar nada. Tudo terá que ser deixado aqui. E nesse momento você entenderá que tudo o que possuía não era seu; a própria idéia de posse estava errada. E por causa da posse você foi corrompido.

Para aumentar essa posse – para ter mais dinheiro, mais poder, para conquistar mais territórios –, você foi fazendo coisas que nem mesmo você poderia dizer que eram certas. Você mentiu, foi desonesto. Teve mil faces. Não foi verdadeiro, nem mesmo por um único instante, com ninguém e nem com você mesmo; não havia como ser. Você teve que ser falso, teve que enganar, fingir, porque é isso que o ajuda a ter sucesso no mundo. A autenticidade não vai ajudar você. A honestidade também não. Tampouco a veracidade.

Sem posses, sucesso, fama – quem é você? Não sabe. Você é o seu nome, é sua fama, é o seu prestígio, seu poder. Mas, tirando essas coisas, quem é você? Portanto, todas essas posses se tornam a sua identidade. Dão a você um falso senso de ser. Esse é o ego.

O ego não é uma coisa misteriosa. É um fenômeno muito simples. Você não sabe quem é, e viver sem saber quem você é impossível. Se eu não sei quem sou, então o que estou fazendo aqui? O que quer que eu esteja fazendo fica sem sentido. A primeira coisa a fazer e a mais importante é saber quem sou. Talvez, então, eu possa fazer algo que satisfaça minha natureza, me deixe contente, me leve de volta para casa.

Mas se não sei quem sou e continuo fazendo coisas, como posso chegar aonde a minha natureza precisaria chegar, precisaria me levar? Fico correndo para lá e para cá, mas não vou chegar ao ponto em que possa dizer: "Agora cheguei, este é o lugar que eu procurava."

Você não sabe quem é, portanto, precisa usar alguma identidade falsa como substituto. Suas posses dão a você essa identidade falsa.

Você chega a este mundo como um observador inocente. Todo mundo chega da mesma maneira, com a mesma qualidade de consciência. Mas você começa a barganhar com o mundo dos adultos. Eles têm muita coisa para dar a você; você só tem uma coisa a dar, e essa coisa é a sua integridade, seu respeito por si mesmo. Você não tem muito, tem uma coisa só – pode chamá-la como quiser: inocência, inteligência, autenticidade. Você só tem isso.

E a criança fica sempre muito interessada por tudo o que vê ao redor. Ela espera o tempo todo para ter isto, ter aquilo; isso faz parte da natureza humana. Se você olhar uma criança pequena, até para um recém-nascido, verá que ela começa procurando as coisas às apalpadelas; suas mãos estão tentando encontrar algo. Ela começou a jornada.

Nessa jornada, ela perderá a si mesma, pois você não pode ter nada neste mundo sem pagar um preço. E a pobre criança não pode entender que o que ela está dando é tão valioso que, se o mundo inteiro estivesse de um lado e sua integridade do outro, mesmo assim esta pesaria mais, seria mais valiosa. A criança não tem como saber disso. Esse é o problema, o que ela conseguiu, já conseguiu. Ela toma isso por certo.

Deixe-me contar uma história que deixará isso mais claro.

Um homem rico, muito rico, acabou ficando muito frustrado, o que é um resultado natural de todo sucesso. Não existe nada que decepcione tanto quanto o sucesso. O sucesso só tem sentido se você já fracassou. Assim que conseguiu ter sucesso, você percebe que foi enganado pelo mundo, pelas pessoas, pela sociedade.

Esse homem tinha todas as riquezas, mas não tinha paz de espírito. Ele começou então a buscar paz de espírito.

Isso é o que acontece na América. Na América, há mais pessoas buscando paz de espírito do que em qualquer outro lugar. Na Índia, nunca cruzei com uma pessoa que estivesse buscando paz de espírito. Primeiro é preciso buscar a paz de estômago – a paz de espírito está muito longe disso. A mente* está a milhares de quilômetros do estômago.

Mas, na América, todo mundo está buscando paz de espírito e é claro que, se você está buscando alguma coisa, as pessoas estarão ali prontas para dar isso a você. Essa é uma lei simples da economia: qualquer coisa que produza demanda também produz a oferta. Não importa se você realmente precisa daquilo que está procurando. Nem ninguém também se importa com o que a oferta vai dar a você – se trata-se apenas de propaganda enganosa ou se é de fato uma coisa útil.

Sabendo esse princípio simples, que onde há demanda há oferta, as pessoas espertas e sagazes estão um passo à frente. "Não é preciso esperar pela demanda, você pode criar a demanda." E essa é justamente a arte da propaganda: ela está criando demanda.

Antes de ler a propaganda, você não tinha demanda, nunca sentiu que tinha essa necessidade. Mas, ao ler a propaganda, de repente você pensou, "Meu Deus, eu

> Na América, há mais pessoas buscando paz de espírito do que em qualquer outro lugar. Na Índia, nunca cruzei com uma pessoa que estivesse buscando paz de espírito. Primeiro é preciso buscar a paz de estômago.

---

* O autor se refere à mente porque a expressão inglesa para "paz de espírito" é *peace of mind*, ou seja, paz da mente, numa tradução literal. (N. T.)

não tenho isso. E eu sou tão idiota que nem sequer sabia que essa coisa existia".

Antes que alguém comece a manufaturar algo, a produzir algo, até mesmo anos antes – três, quatro anos antes –, ele começa a propaganda. A coisa ainda não está nem no mercado, porque antes a demanda tem de atingir a mente das pessoas. E, quando ela se instalar ali, já haverá oferta.

Bernard Shaw contou que, quando era novato e publicou seu primeiro livro, é claro que não existia demanda – ninguém jamais ouvira falar em George Bernard Shaw. Como alguém pode então chegar à livraria e perguntar: "Eu quero o livro de Bernard Shaw, seu drama." Então o que ele costumava fazer o dia inteiro... Ele publicou o livro – foi ele mesmo o editor, juntou ele mesmo o dinheiro – e foi então de livraria em livraria perguntando:

– Você tem o livro de George Bernard Shaw?
– George Bernard Shaw? – eles diziam. – Nunca ouvi esse nome.
– Estranho – dizia ele –, um grande homem como esse e você nunca ouviu falar dele e ainda trabalha numa livraria? Você está desatualizado ou coisa assim? Se há uma coisa que você deveria ter é o livro do George Bernard Shaw.

Ele só havia publicado um livro, mas começou a fazer propaganda de vários, porque, se você está no ramo, por que publicar apenas um? E um livro não faz de um homem um grande escritor.

Ele ia com roupas diferentes – às vezes de chapéu, às vezes de óculos. E as pessoas começaram a passar pela casa de Shaw. E ele tinha que fazer tudo isso – a propaganda, a distribuição; foi assim que ele vendeu seu primeiro livro. Ele perguntava para as pessoas na rua:

– Você já ouviu falar...? Porque eu estou ouvindo muito sobre um certo livro escrito por um tal George Bernard Shaw. Estão dizendo que é simplesmente bárbaro, fantástico. Já ouviu falar?

— Não, nunca ouvimos esse nome antes — elas respondiam.

— Que estranho — rebatia ele. — Eu pensava que Londres era uma sociedade culta.

E ele ia nas bibliotecas e clubes e em todo lugar onde havia a possibilidade de criar uma demanda, e ele criou a demanda. Vendeu o livro e, finalmente — isso é o que fazia o tempo todo —, finalmente tornou-se um dos maiores escritores desta era. Ele havia criado a demanda.

Mas, se você é bem-sucedido, não é preciso que ninguém crie a demanda por paz de espírito. Se você é bem-sucedido, uma hora você acaba perdendo a paz de espírito. Trata-se de um curso natural. O sucesso tira toda a paz de espírito. Ele simplesmente absorve tudo o que é significativo na vida: paz, silêncio, alegria, amor. E continua a tirar tudo de você. No final, suas mãos ficam cheias de lixo, e tudo o que tinha valor se vai. E, de repente, você percebe que precisa de paz de espírito.

Imediatamente aparecem os fornecedores, que não sabem nada sobre a mente* nem sabem nada sobre a paz. Já li um livro intitulado *Peace of Mind* [Paz de Espírito], escrito por um rabi judeu, Joshua Liebman. Folheei o livro inteiro; o homem não sabia nada nem sobre a paz nem sobre a mente. Mas ele era um homem de negócios. Tinha conseguido um belo emprego sem saber nada sobre paz de espírito.

O livro dele é um dos mais vendidos no mundo inteiro porque todo aquele que deseja paz de espírito é atraído, mais cedo ou mais tarde, para o livro de Joshua Liebman. E ele o escreveu lindamente. É um bom escritor, muito articulado, marcante; você será influenciado por ele. Mas a paz de espírito continuará tão longe quanto antes, ou talvez fique até mais distante, depois que ler esse livro.

Na verdade, se um homem souber o que é paz e o que é mente, ele não poderá escrever um livro intitulado *Paz de Espírito*, porque a men-

---

* O autor mais uma vez faz referência à expressão *peace of mind*. (N. T.)

te é a causa de toda falta de paz, de todo desassossego. Paz é quando não existe mente.

Portanto, paz de espírito – não existe um artigo como esse. Se a mente está ali, então a paz não está. Se a paz está ali, então a mente não está. Mas escrever um livro "Paz da não-mente" – ninguém iria comprá-lo. Estive pensando...mas cheguei à conclusão, ninguém vai comprar "Paz da não-mente". Simplesmente não faria sentido para as pessoas, embora seja a pura verdade.

A criança não tem consciência do que ela trouxe com ela. Esse homem rico estava na mesma posição. Ele tinha todas as riquezas do mundo e agora buscava paz de espírito. Ele foi de sábio em sábio e todos lhe deram grandes conselhos, mas conselho não ajuda ninguém.

De fato, só os tolos dão conselhos, e só eles seguem conselhos. As pessoas sábias relutam muito em dar conselhos, pois o sábio certamente sabe que a única coisa no mundo que se dá de graça é conselho, e que se existe uma coisa que ninguém segue é conselho, então por que ele deveria se preocupar?

O sábio primeiro prepara você para que tenha condições de seguir o conselho. Ele não o aconselha simplesmente; você precisa estar preparado. Pode levar muitos anos para preparar você, para preparar o terreno, e só então se pode jogar as sementes. Só um tolo continuaria simplesmente jogando as sementes nas rochas e nas pedras, sem se importar em desperdiçá-las.

Todos esses sábios deram conselhos a ele, mas nenhum serviu. Finalmente, um homem a quem ele não havia perguntado nada, que não era de forma nenhuma famoso – pelo contrário, era considerado o idiota da aldeia –, esse homem parou-o na rua um dia e disse:

– Você está perdendo tempo à toa. Nenhum desses homens é sábio; eu os conheço perfeitamente, mas como sou um idiota ninguém acredita em mim. Talvez você também não acredite, mas eu conheço um sábio.

— Vendo você tão atormentado, procurando paz de espírito, achei que seria melhor se eu mostrasse a você a pessoa certa. Tirando isso, sou um idiota; ninguém me pede conselhos nem eu dou conselhos a ninguém. Mas já era demais: vendo você assim tão triste e sofrendo tanto, quebrei meu silêncio. Você vai procurar esse homem numa aldeia aqui perto.

O homem rico imediatamente foi à tal aldeia montado em seu lindo cavalo; nas mãos, um grande saco cheio de diamantes. Ao chegar lá, ele viu o homem – que era conhecido pelos sufis como Mulla Nasruddin. Ele perguntou a Mulla:

— Você pode me ajudar a conseguir paz de espírito?

— Ajudar? – Mulla respondeu. – Posso dá-la a você.

O homem rico pensou, "Isso é muito estranho. Primeiro aquele idiota me sugere... e por causa do desespero achei que não haveria mal nisso, então eu vim. Isso me parece uma idiotice ainda maior: ele está dizendo, 'Posso dá-la a você'".

— Você pode me dar? – perguntou o homem rico. – Estive com todo tipo de sábio; eles todos me deram conselhos – faça isto, faça aquilo, tenha disciplina, seja caridoso, ajude os pobres, abra hospitais, isso e aquilo. Eles disseram todas essas coisas, e de fato eu fiz todas essas coisas; mas nada ajudou. Na realidade, surgiram ainda mais problemas. E você diz que pode me dar paz de espírito?

— É tão simples! – disse Mulla. – Desça do cavalo.

> Se um homem souber o que é paz e o que é mente, ele não poderá escrever um livro intitulado *Paz de Espírito*, porque a mente é a causa de toda falta de paz, de todo desassossego. Paz é quando não existe mente. Portanto, paz de espírito – não existe um artigo como esse.

Então o homem rico apeou do cavalo, segurando seu saco.

– O que você segura nesse saco, tão próximo ao coração? – perguntou, então, Mulla.

– São diamantes preciosos – respondeu o homem rico. – Se você conseguir me dar paz, eu lhe darei esse saco.

Mas, antes que ele pudesse perceber o que estava acontecendo, Mulla tomou o saco dele e fugiu correndo!

O homem rico, por um momento, ficou em choque; ele não sabia nem o que fazer. E então teve de segui-lo. Mas tratava-se da cidade de Mulla – ele conhecia cada rua, cada beco, e estava correndo. O homem rico nunca correra em toda a sua vida e era tão gordo... Ele chorava, praguejava, bufava, e as lágrimas escorriam.

– Fui ludibriado! – dizia. – Esse homem tirou de mim o trabalho duro de toda a minha vida, meus ganhos; ele levou tudo!

Então uma multidão se pôs a segui-lo, e todos riam.

– Vocês são todos idiotas? – perguntava às pessoas. – Esta cidade está cheia de idiotas? Estou completamente arruinado, e em vez de pegar o ladrão vocês estão todos rindo.

– Ele não é ladrão – responderam. – É um homem muito sábio.

– Aquele idiota da minha aldeia me colocou neste apuro! – choramingava o homem rico.

Mas, de um jeito ou de outro, correndo e transpirando, ele seguiu Mulla.

Mulla voltou para baixo da mesma árvore, com o saco na mão, e o homem rico aproximou-se chorando e soluçando.

– Tome este saco – disse Mulla.

O homem rico pegou de volta o saco e apertou-o contra o peito.

– Como está se sentindo? – perguntou, então, Mulla. – Está sentindo paz de espírito?

– Sim, estou em paz – respondeu. – Você é um homem estranho, com métodos estranhos.

— Não são métodos estranhos — respondeu Mulla. — É pura matemática. Não importa o que tenha, você um dia começa a não dar mais valor àquilo. É só ter uma oportunidade de perder o que tem, para você imediatamente se dar conta do que perdeu. Você não ganhou nada de novo; é o mesmo saco que tem carregado sem paz de espírito. Agora você segura esse mesmo saco perto do coração e qualquer um pode ver no seu rosto que está em paz, um perfeito sábio! Simplesmente vá para casa e não incomode mais ninguém.

Esse é o problema da criança, pois ela chega neste mundo com inocência, e está pronta para comprar qualquer coisa e dar em troca sua inocência. Ela está pronta para comprar qualquer porcaria e dar em troca sua coragem. Está pronta para comprar brinquedos simplesmente — e o que existe no mundo a não ser brinquedos? — e perder sua lucidez. Ela só entenderá quando estiver de posse de todos esses brinquedos e não sentir mais nenhum prazer em brincar com eles, não conseguir ver nenhuma realização, nem satisfação. Então ela toma consciência do que perdeu — e foi ela própria que perdeu.

Num mundo melhor, toda família aprenderá com as crianças. Você tem tanta pressa de ensiná-las. Ninguém parece aprender com elas, e elas têm muito a ensinar a você. E você não tem nada a ensinar a elas.

Só porque é mais velho e poderoso, você começa a fazer com que elas fiquem iguais a você, sem jamais pensar a respeito de quem você é, aonde chegou, qual é o seu *status* em seu mundo interior. Você é um mendigo, e quer o mesmo para o seu filho?

Mas ninguém pensa; do contrário, as pessoas aprenderiam com as crianças pequenas. As crianças trazem tanta coisa do outro mundo pelo fato de terem acabado de chegar. Elas ainda carregam o silêncio do útero, o silêncio da própria existência.

LEMBRE-SE SEMPRE, CONFIE NO DESCONHECIDO. O conhecido é a mente. O desconhecido não pode ser a mente. Pode ser outra coisa, mas não a mente. O que é certo sobre a mente é que ela é conhecimento acumulado. Portanto, se você chegar numa bifurcação, por exemplo, e a mente disser, "Siga por aqui, você já conhece este caminho" –, essa é a mente. Se ouvir o seu ser, preferirá seguir pelo caminho desconhecido. O ser é sempre aventureiro. A mente é muito ortodoxa, muito conservadora. Ela quer andar nos trilhos, no caminho já tantas vezes percorrido – o caminho que oferece a menor resistência.

Então ouça sempre o desconhecido. E reúna coragem para enfrentá-lo.

Para cumprir seu destino, é preciso grande coragem, é preciso destemor. As pessoas que estão cheias de medo não conseguem ir além do conhecido. O conhecido dá uma espécie de conforto, de segurança, porque é conhecido. A pessoa está perfeitamente ciente, ela sabe como lidar com o conhecido. Pode estar quase dormindo e mesmo assim continuar a lidar com ele – não é preciso que esteja acordada; essa é a conveniência do conhecido.

No momento em que você cruza a fronteira do conhecido, o medo desponta, porque agora você será ignorante, agora não saberá o que fazer, o que não fazer. Agora não estará tão seguro de si; erros podem ser cometidos; você poderá se perder. Esse é o medo que faz com que as pessoas se prendam ao conhecido e, uma vez que ela esteja presa ao conhecido, ela está morta.

A vida só pode ser vivida perigosamente – não existe outro jeito de vivê-la. É

Num mundo melhor, toda família aprenderá com as crianças. Você tem tanta pressa de ensiná-las. Ninguém parece aprender com elas, e elas têm muito a ensinar a você.

só por meio do perigo que a vida atinge a maturidade, que ela cresce. A pessoa precisa ser aventureira, estar sempre pronta para pôr em risco o conhecido em favor do desconhecido. E, uma vez que ela prove os prazeres da liberdade e do destemor, nunca se arrependerá, pois então saberá o que significa viver intensamente. Então ela saberá o que significa viver desregradamente. E um único instante dessa intensidade já é mais gratificante do que toda uma eternidade vivendo uma vida medíocre.

QUANDO O NOVO BATER À SUA PORTA, ABRA-A!

˞

O novo não é algo familiar. Ele tanto pode ser amigo quanto inimigo, quem vai saber? E não há como saber! O único jeito é deixar que ele entre; daí a apreensão, o medo.

O novo não provém de você; a origem dele está mais além. Ele não é parte de você. Todo seu passado está em perigo. O novo não é algo contínuo, regular; por isso, o medo. Você tem vivido de uma certa forma, tem pensado de uma certa forma, tem vivido uma vida confortável de acordo com as suas crenças. Então alguma coisa nova bate à sua porta. Agora o padrão de todo o seu passado vai ser perturbado. Se deixar o novo entrar, você nunca mais será o mesmo; o novo transformará você.

É arriscado. Com o novo, nunca se sabe onde você acabará. O velho é conhecido, familiar; você viveu com ele por muito tempo, se familiarizou com ele. O novo não é algo familiar. Ele tanto pode ser amigo quanto inimigo, quem vai saber? E não há como saber! O único jeito é deixar que ele entre; daí a apreensão, o medo.

E você também não pode continuar rejeitando o novo, pois o velho já não lhe traz o que você procura. O velho promete, mas as promessas não trazem satisfação. O velho é conhecido, mas desagradável. Pode ser que o novo seja desconfortável, mas existe uma possibilidade – ele pode lhe trazer contentamento. Portanto, você não pode rejeitá-lo, tampouco pode aceitá-lo; por isso você hesita, vacila, uma grande angústia cresce em seu ser. É natural, não há nada de errado nisso. É assim que sempre foi e que sempre será.

Tente entender a aparência do novo. Todo mundo quer ficar novo, porque ninguém está satisfeito com o velho. Ninguém nunca está satisfeito com o velho porque, seja ele o que for, você já o conhece. Uma vez conhecido, ele fica repetitivo; fica aborrecido, monótono. Você quer se livrar dele. Quer explorar, quer se aventurar. Você quer ficar novo e, mesmo assim, quando o novo bate à porta, você foge assustado, se encolhe e se esconde no velho. Esse é o dilema.

Como ficamos novos? – e todo mundo quer ficar novo. É preciso coragem, e não uma coragem comum; é preciso uma coragem extraordinária. O mundo está cheio de covardes, por isso as pessoas pararam de crescer. Como você pode crescer se é covarde? Diante de cada oportunidade, você foge assustado, fecha os olhos. Como pode crescer? Como pode *ser*? Você só finge ser.

E pelo fato de não poder crescer, você tem que encontrar substitutos para esse crescimento. Você não pode crescer, mas seu saldo bancário pode – eis um substituto. Não é preciso coragem, isso se ajusta perfeitamente à sua covardia. Seu saldo bancário continua crescendo e você começa a pensar que também está crescendo. Passa a ser alguém mais respeitável. Seu nome e sua fama continuam crescendo, e você pensa que é você que está crescendo? Você está apenas se enganando. Seu nome não é você, nem sua fama é você. Seu saldo bancário não é o seu ser. Mas, se você pensa em seu ser, começa a tremer, pois, se quer que ele cresça, tem que deixar de lado toda a covardia.

Como ficamos novos? Não ficamos novos a partir de nós mesmos. O novo vem de muito além, vem de Deus. O novo vem da existência. A mente é sempre velha. Ela nunca é nova; ela é o acúmulo do passado. O novo vem de muito além; é um presente de Deus. Ele vem de muito além e é de muito além.

O desconhecido e o que não pode ser conhecido, o além, invadiram você. Invadiram porque você nunca é lacrado e deixado de lado. Você não é uma ilha. Você pode ter esquecido o além, mas o além não esqueceu você. O filho pode ter esquecido a mãe, mas a mãe não esqueceu o filho. A parte pode ter começado a pensar, "Estou separado", mas o todo sabe que você não está separado. O todo invadiu você. Ele ainda está em contato com você. É por isso que o novo continua vindo, embora você não lhe dê as boas-vindas. Ele vem toda manhã, toda noite. Vem de mil e uma maneiras. Se tiver olhos para ver, você o verá o tempo todo vindo até você.

A existência continua se derramando sobre você, mas você está fechado em seu passado. Está quase numa espécie de cova. Ficou insensível. Por causa da sua covardia, você perdeu a sensibilidade. Ser sensível significa que o novo será sentido – e a emoção do novo e a paixão pelo novo e pela aventura despertarão e você começará a avançar rumo ao desconhecido, sem saber aonde está indo.

> Você não é uma ilha. Você pode ter esquecido o além, mas o além não esqueceu você. O filho pode ter esquecido a mãe, mas a mãe não esqueceu o filho. A parte pode ter começado a pensar, "Estou separado", mas o todo sabe que você não está separado.

A mente acha que é loucura. Acha que não é racional deixar o velho. Mas Deus é sempre o novo. É por isso que não podemos usar o tempo passado ou futuro para falar de Deus. Não podemos dizer, "Deus era", nem dizer, "Deus será". Só podemos usar o presente: "Deus é". É sempre fresco, virgem. E invadiu você.

Lembre-se, qualquer coisa nova que surgir na sua vida é uma mensagem de Deus. Se a aceitar, você é religioso. Se rejeitá-la, não é religioso. O homem só precisa relaxar mais para aceitar o novo; abrir-se um pouco mais para deixá-lo entrar. Abra caminho para Deus entrar em você.

Eis aí todo o significado da prece ou da meditação – você se abre, diz sim, diz "Entre". Diz: "Esperei tanto e estou grato por você ter vindo." Sempre receba o novo com grande alegria. Mesmo que às vezes ele lhe traga algumas inconveniências, ainda assim vale a pena, pois só por meio dos erros nós aprendemos, e só por meio das dificuldades podemos crescer. O novo trará dificuldades. É por isso que você opta pelo velho – ele não traz dificuldade nenhuma. É um consolo, um abrigo.

Mas só o novo, aceito de modo profundo e total, pode transformar você. Você não pode trazer o novo para a sua vida; o novo *vem*. Você pode aceitá-lo ou rejeitá-lo. Se rejeitá-lo, você continua sendo uma pedra fechada e morta. Se o aceita, você se torna uma flor, começa a se abrir... e nessa abertura está a celebração.

Só a entrada do novo pode transformar você, não existe outro meio de transformação. E, lembre-se, ele não tem nada que ver com você e seus esforços. Mas não ter nada que ver não significa que você pode parar de agir; é agir sem desejo ou direção ou impulso vindos do seu passado. A busca pelo novo não pode ser uma busca comum, porque é pelo novo – como você pode buscar pelo novo? Você não o conhece, nunca o encontrou. A busca pelo novo vai ser apenas uma exploração aberta. Nada se sabe. É preciso começar num estado de não-saber e avançar inocentemente como uma criança, vibrando com as possibilidades – e são infinitas as possibilidades.

Não há nada que você possa fazer para criar o novo, pois o que quer que faça pertencerá ao velho, será decorrência do passado. Mas isso não significa que você tenha de parar de agir. É agir sem desejo ou direção ou impulso vindos do passado – e isso é agir de modo meditativo. Agir espontaneamente. Deixe o momento decidir.

Você não impõe sua decisão, porque a decisão será fruto do passado e ele destruirá o novo. Você age de acordo com o momento, assim como uma criança. Abandone-se completamente ao momento – e você encontrará todos os dias novas aberturas, nova luz, novas introvisões. E essas novas introvisões continuarão a mudar você. O velho não mais subsiste, o velho não o envolve mais como uma névoa. Você é como uma gota de orvalho, fresca e jovem.

Esse é o verdadeiro significado da ressurreição. Se entender isso, você ficará livre da memória – da memória psicológica, quero dizer. A memória é uma coisa morta. A memória não é a verdade nem nunca poderá ser porque a verdade está sempre viva, a verdade é vida; a memória é a persistência daquilo que já não existe mais. É viver num mundo fantasmagórico que nos limita, é a nossa prisão. Na verdade, esse mundo somos nós. A memória cria o embaraço, o complexo chamado "Eu," o ego. E, naturalmente, essa entidade falsa chamada "Eu" está continuamente com medo da morte. É por isso que você tem medo do novo.

Você não pode trazer o novo para a sua vida; o novo *vem*. Você pode aceitá-lo ou rejeitá-lo.

Esse "Eu" é que tem medo, não é você. O ser não tem medo, mas o ego tem, pois ele morre de medo de morrer. O ego é artificial, é arbitrário, é construído. Ele pode se desintegrar a qualquer momento. E, quando o novo entra, surge o medo. O ego fica amedrontado, ele pode se desintegrar. De algum modo ele tem conseguido se manter, tem conseguido se conservar num só pedaço, e agora algo novo aparece – isso vai estilhaçá-lo. Eis por que você não aceita o novo com alegria. O ego não pode aceitar sua própria morte com alegria – como ele pode aceitar sua própria morte com alegria?

A menos que tenha entendido que você não é o ego, você não será capaz de receber o novo. Depois que tiver percebido que o ego é a sua memória do passado e nada mais, que você não é a sua memória, que a memória é só um biocomputador, é uma máquina, um mecanismo, um utilitário, mas que você é mais do que isso...você é consciência, não memória. A memória é um conteúdo da consciência, você é a própria consciência.

> Você age de acordo com o momento, assim como uma criança. Abandone-se completamente ao momento – e você encontrará todos os dias novas aberturas, nova luz, novas introvisões. E essas novas introvisões continuarão a mudar você.

Por exemplo, você vê alguém andando na rua. Você se lembra do rosto da pessoa, mas não do nome dela. Se você fosse a memória, deveria se lembrar do nome também. Mas você diz, "Eu conheço este rosto, mas não me lembro do nome". Então você começa a puxar pela memória, vasculhá-la, olha para um lado, para o outro e, de repente, o nome lhe ocorre e você diz, "É isso, é esse o nome!" A memória é o seu registro. Você é quem está consultando o registro, você não é a memória em si.

E muitas vezes acontece de você estar tão tenso, tão preocupado em lembrar algo que fica difícil lembrar, pois a própria tensão, a pressão sobre o seu ser não deixa que a memória libere essa informação.

Você faz tudo para lembrar o nome de alguém e ele não vem, mesmo que você diga que ele está na ponta da língua. Você sabe que sabe, mas mesmo assim o nome não lhe ocorre.

Agora, isso é estranho. Se você é a memória, então quem o está impedindo de lembrar e por que o nome não lhe ocorre? E quem é esse que diz, "Eu sei, mas mesmo assim não me ocorre"? E então você se esforça para lembrar e, quanto mais se esforça, mais difícil fica. Aí, farto dessa coisa toda, você vai dar uma volta no jardim e de repente, olhando para uma roseira, o nome está ali, veio à tona.

> Sua memória não é você. Você é consciência, a memória é conteúdo. Mas a memória é toda a energia vital do ego.

Sua memória não é você. Você é consciência, a memória é conteúdo. Mas a memória é toda a energia vital do ego. A memória, é claro, é uma coisa velha, e tem medo do novo. O medo pode ser perturbador, pode ser tão perturbador que talvez não seja digerível. O novo pode trazer problemas. Você terá que dar voltas e mais voltas. Terá que se reajustar. Isso parece trabalhoso.

Para ser novo, é preciso que você deixe de se identificar com o ego. Depois que faz isso, você já não se importa se ele vai morrer ou viver. Na verdade, você sabe que, se viver ou morrer, ele de qualquer jeito já está morto. Ele é só um mecanismo. Use-o, mas não seja usado por ele. O ego está o tempo todo com medo da morte, pois ele é arbitrário, daí o medo. Ele não surge do ser; não pode surgir do ser, pois o ser é vida – como a vida pode ter medo da morte? A vida não sabe nada sobre a morte. O ego é fruto do arbitrário, do artificial, de algo que foi construído, do falso, do pseudo. E é justamente esse desapego, justamente essa morte do ego que faz um homem estar vivo. Morrer no ego é nascer para o *ser*.

O novo é um mensageiro de Deus, o novo é uma mensagem de Deus. É um evangelho! Dê ouvidos ao novo, siga com o novo. Eu sei que você tem medo. Apesar do medo, siga com o novo, e a sua vida vai ficar cada vez mais rica e um dia você será capaz de libertar seu esplendor aprisionado.

> É muito raro uma pessoa querer ser feliz – apesar do que ela sai dizendo por aí.
> É muito raro uma pessoa estar pronta para ser feliz – as pessoas investem tanto na infelicidade. Elas adoram ser infelizes... na verdade, elas estão felizes por serem infelizes.

CONTINUAMOS A PERDER MUITAS COISAS na vida só por causa da falta de coragem. Na verdade, nenhum esforço é necessário para conquistar – só é preciso coragem – e as coisas começarão a vir até você em vez de você ir atrás delas...pelo menos no mundo interior é assim.

E, para mim, ser feliz é a maior coragem. Ser infeliz é uma atitude muito covarde. Na realidade, para ser infeliz não é preciso nada. Qualquer covarde pode ser, qualquer tolo pode ser. Todo mundo é capaz de ser infeliz; para ser feliz, é preciso grande coragem – é um risco tremendo.

Não temos o costume de pensar assim – nós pensamos, "O que é preciso para ser feliz?" Todo mundo quer ser feliz". Isso está absolutamente errado. É muito raro uma pessoa querer ser feliz – apesar do que ela sai dizendo por aí. É muito raro uma pessoa estar pronta para ser feliz – as pessoas investem tanto na infelicidade. Elas adoram ser infelizes... na verdade, elas estão felizes por serem infelizes.

Há muitas coisas para se entender – sem entendê-las é muito difícil livrar-se da mania de ser infeliz. A primeira coisa é: ninguém está

Quando o Novo Bater à Sua Porta, Abra-a!

prendendo você; é você quem decidiu ficar na prisão da infelicidade. Ninguém prende ninguém. O homem que está pronto para sair dela pode sair quando quiser. Ninguém mais é responsável. Se uma pessoa é infeliz, é ela mesma a responsável. Mas a pessoa infeliz nunca aceita a responsabilidade – é por isso que continua infeliz. Ela diz, "Estão me fazendo infeliz".

Se outra pessoa está fazendo com que você seja infeliz, naturalmente não há nada que você possa fazer. Se você mesmo está causando a sua infelicidade, alguma coisa pode ser feita...alguma coisa pode ser feita imediatamente. Então ser ou não infeliz está nas suas mãos. Portanto, as pessoas ficam jogando nos outros a responsabilidade – às vezes na mulher, às vezes no marido, às vezes na família, no condicionamento, na infância, na mãe, no pai... outras vezes na sociedade, na história, no destino, em Deus, mas não param de jogar a culpa nos outros. Os nomes são diferentes, mas o truque é sempre o mesmo.

Um homem torna-se realmente um homem quando ele aceita a responsabilidade total – é responsável por qualquer coisa que ele seja. Essa é a primeira forma de coragem, a maior delas. É muito difícil aceitá-la porque a mente vai continuar dizendo, "Se você é o responsável, por que criou isso?" Para evitar isso, dizemos que os outros são responsáveis, "O que eu posso fazer? Não tem jeito... eu sou uma vítima! Sou jogado daqui e dali por forças maiores do que eu e não posso fazer nada. Posso no máximo chorar porque sou infeliz e ficar ainda mais infeliz chorando". E tudo cresce – se você cultiva uma coisa, ela

> Um homem torna-se realmente um homem quando ele aceita a responsabilidade total – é responsável por qualquer coisa que ele seja. Essa é a primeira forma de coragem, a maior delas.

cresce. Então você vai cada vez mais fundo...mergulha cada vez mais fundo.

Ninguém, nenhuma outra força, está fazendo nada para você. É você e só você. Isso resume toda a filosofia do karma – que é o seu fazer; *karma* significa fazer. Você fez e você pode desfazer. E não é preciso esperar, postergar. Não é preciso tempo – você pode simplesmente pular fora disso!

Mas nós nos habituamos. Se pararmos de ser infelizes, nós nos sentiremos muito sozinhos, perderemos nossa maior companhia. A infelicidade virou nossa sombra – nos segue por toda parte. Quando não há ninguém por perto, pelo menos a infelicidade está ali presente – você se casa com ela. E trata-se de um casamento muito, muito longo; você está casado com a sua infelicidade há muitas vidas.

Agora chegou a hora de se divorciar dela. Isso é o que eu chamo de a grande coragem – divorciar-se da infelicidade, perder o hábito mais antigo da mente humana, a companhia mais fiel.

A CORAGEM DE AMAR

O medo não é nada mais que ausência de amor. Faça algo com amor, esqueça o medo. Se você ama bastante, o medo desaparece.

Se ama profundamente, você não sente medo. O medo é uma negatividade, uma ausência. Isso tem que ficar profundamente entendido. Caso contrário, você nunca vai entender a natureza do medo. É como a escuridão. A escuridão não existe, ela só parece existir. Na verdade, ela é só ausência de luz. A luz existe; apague a luz e a escuridão aparece.

A escuridão não existe, você não pode acabar com ela. Faça o que fizer, você não pode acabar com ela. Não pode trazê-la, não pode projetá-la. Se quiser fazer alguma coisa com a escuridão, terá que fazer alguma coisa com a luz, pois só podemos estabelecer relação com algo que tenha existência própria. Apague a luz e a escuridão se fará presente; acenda a luz e a escuridão desaparecerá – mas você fará algo com a *luz*. Você não poderá fazer nada com a escuridão.

Medo é escuridão. É ausência de amor. Você não pode fazer nada com relação a ele, e quanto mais fizer mais amedrontado vai ficar, pois mais você achará impossível. O problema vai ficando cada vez mais complicado. Quanto mais você brigar com a escuridão, mais sairá derrotado. Você pode empunhar uma espada e tentar matar a escuridão: isso só servirá para deixá-lo exausto. E finalmente a mente pensará, "A escuridão é muito poderosa, por isso me derrotou".

É aí que a lógica falha. É absolutamente lógico – se você luta contra a escuridão e não consegue vencê-la, não consegue destruí-la, é absolutamente lógico pensar que a escuridão é muito, muito poderosa. Você é impotente diante dela. Mas a realidade é justamente o oposto. Você não é impotente; a escuridão é impotente. Na verdade, a escuridão não está ali – é por isso que você não pode derrotá-la. Como você pode derrotar alguma coisa que não existe?

Não lute contra o medo; do contrário, você ficará cada vez mais amedrontado e um novo medo invadirá seu ser: o medo do medo, que é muito perigoso. Em primeiro lugar, o medo é uma ausência e, em segundo, o medo do medo é o medo da ausência da ausência. Então você enlouquece.

O medo nada mais é que ausência de amor. Faça algo com amor, esqueça o medo. Se você ama bastante, o medo desaparece. Se ama profundamente, você não sente medo.

Quando amou alguém, mesmo que por um único instante, você sentiu medo? O medo não existe em nenhum relacionamento em que, mesmo que por um único instante, duas pessoas se amaram profundamente e aconteceu um encontro, elas entraram em sintonia – nesse momento não se sente medo. É como se a luz simplesmente estivesse acesa e a escuridão desaparecesse – eis a chave secreta: ame mais.

Se você sente que existe medo em seu ser, ame mais. Seja corajoso ao amar; tenha coragem. Seja aventureiro no amor; ame mais e ame incondicionalmente, porque quanto mais você ama menos medo sente. E, quando eu digo amor, quero dizer todas as quatro camadas do amor, do sexo ao samadhi.

Ame profundamente.

Se você amar profundamente, num relacionamento sexual, uma grande parte do medo desaparecerá do seu corpo. Se o corpo treme de medo, trata-se do medo de sexo; você não tem estabelecido um relacionamento sexual profundo. Seu corpo treme, seu corpo não está à vontade, não está em casa.

Ame profundamente – o orgasmo sexual dissipará todo o medo do seu corpo. Quando eu digo dissipar todo o medo, não quero dizer que você mostrará bravura, porque a bravura não passa de covardia ao contrário. Quando eu digo que todo medo desaparecerá, significa que não haverá nem covardia nem bravura. Esses são dois aspectos do medo.

Veja as pessoas que demonstram bravura: você percebe que, lá no fundo, elas estão amedrontadas, elas simplesmente criaram uma armadura em torno delas. A bravura não é destemor; é medo bem protegido, bem defendido, encouraçado.

Quando o medo desaparece, você mostra destemor. E uma pessoa destemida é alguém que nunca causa medo em ninguém e que nunca deixa que ninguém lhe cause medo.

> Se o corpo treme de medo, trata-se do medo de sexo; você não tem estabelecido um relacionamento sexual profundo. Seu corpo treme, seu corpo não está à vontade, não está em casa.

O orgasmo sexual profundo faz com que o corpo se sinta em casa. Uma saúde muito, muito profunda se instala no corpo, porque ele se sente inteiro.

Então o segundo passo é o amor. Ame as pessoas – incondicionalmente. Se tiver algumas condições em mente, você nunca será capaz de amar; essas condições virarão barreiras. Se o amor faz bem a você, por que se importar com condições? Se faz tão bem, se causa um bem-estar tão profundo – ame incondicionalmente, não peça nada em troca. Se você entender que só amando aumentará seu destemor, você amará apenas pelo prazer que isso lhe dá!

As pessoas comuns amam só quando suas condições são atendidas. Elas dizem, "Você tem que ser deste jeito, só assim eu amarei você". A mãe diz para o filho, "Eu o amarei só se você se comportar direito". A mulher diz ao marido, "Você tem que ser *deste* jeito, só assim posso amá-lo". Todo mundo estabelece condições; o amor desaparece.

O amor é um céu infinito! Você não pode confiná-lo em espaços exíguos, condicioná-lo, limitá-lo. Se você areja a casa e depois fecha tudo – todas as janelas, todas as portas –, logo ela fica mofada. Sempre que o amor acontece ele insufla liberdade; você leva ar fresco para a sua casa, mas tudo logo fica mofado, empoeirado.

Esse é um grande problema para toda a humanidade – tem sido de fato um problema. Quando você ama, tudo parece lindo, pois nesses momentos você não impõe condições. Duas pessoas se aproximam uma da outra incondicionalmente. Depois que firmam um compromisso, que passam a ter certeza do amor uma da outra, então as condições são estabelecidas: "Você tem que ser assim, tem que se comportar assim, só dessa forma eu posso amá-lo" – como se o amor fosse uma barganha.

Se você não ama de todo o coração, está barganhando. Você quer forçar a outra pessoa a fazer alguma coisa por você, só então você ama; do contrário, você trairá seu amor. Você está usando seu amor como uma punição, ou como uma imposição, mas não está amando. Ou você nega seu amor ou o demonstra, mas em ambos os casos o amor em si não é a finalidade; a finalidade é outra.

Se você tem uma esposa, então dá presentes a ela – ela fica feliz, abraça você, o beija; mas, quando você não traz nada para casa, vocês se distanciam; ela não o abraça, não chega perto de você. Quando você faz coisas desse tipo está esquecendo que, quando ama, o amor faz bem a você, não só aos outros. O amor, em primeiro lugar, faz bem àqueles que amam. E, depois, faz bem àqueles que são amados.

As pessoas vêm até mim e sempre me dizem, "Tal pessoa não me ama". Ninguém chega e diz, "Eu não amo tal pessoa". O amor virou uma exigência: "O outro não me ama." Esqueça o outro! O amor é um fenômeno tão lindo, se *você* ama você usufrui.

E quanto mais ama, mais cativante você fica. Quanto menos ama, mais você exige que os outros o amem, e menos cativante você fica, mais se fecha, mais se confina em seu ego. E você fica desconfiado – mesmo que alguém se aproxime de você para amá-lo, você fica com medo, porque em todo amor há a possibilidade de rejeição, de retraimento.

Ninguém o ama – isso vira um pensamento entranhado dentro de você. Como esse homem ousa tentar mudar o seu modo de pensar? Ele está tentando amar *você*? Só pode ser falsidade, será que ele está tentando enganá-la? Deve ser um espertalhão, um sujeito enganador. Você se protege. Não deixa que ninguém a ame, nem ama ninguém. Então vem o medo. Você está sozinha no mundo, tão sozinha, tão solitária, desligada de tudo.

O que é o medo, então? O medo é o sentimento de não estar ligado à existência. Eis a definição de medo: medo é um sentimento de falta de contato com a existência. Você fica sozinho, uma criança chorando sozinha em casa, a mãe e o pai e toda a família saíram para ir ao cinema. A criança chora e soluça no berço. Foi deixada sozinha sem nenhum contato, ninguém para protegê-la, ninguém para lhe dar conforto, ninguém para amá-la; uma solidão, uma solidão imensa a envolve. Eis o estado de medo.

Isso ocorre porque você chegou a um ponto em que não deixa que o amor aconteça. Toda a humanidade foi treinada para outras coisas, não para o amor. Para matar, fomos treinados. E os exércitos existem, anos de treinamento para matar! Para calcular, fomos treinados; faculdades, universidades, anos de treinamento só para aprender a calcular de forma que ninguém possa enganar você, mas você possa enganar os outros. Mas em nenhum lugar existe oportunidade para que possamos amar – e amar em liberdade.

Aliás, não apenas isso. A sociedade impede todo esforço para amar. Os pais não gostam que os filhos se apaixonem. Nenhum pai gosta, nenhuma mãe gosta; quaisquer que sejam as suas pretensões, nenhum pai, nenhuma mãe gosta que os filhos se apaixonem. Eles gostam de arranjar casamento.

> O medo é o sentimento de não estar ligado à existência. Eis a definição de medo: medo é um sentimento de falta de contato com a existência.

Por quê? Porque, quando um jovem ama uma mulher ou uma garota, ele deixa a família; ele cria uma nova família, sua própria família. E fica contra a família antiga, é claro; ele se rebela, dizendo, "Agora eu vou embora, terei meu próprio lar". E ele escolhe sua mulher; o pai nada tem que ver com isso, a mãe nada tem que ver com isso, eles parecem ficar completamente à parte.

Não, eles gostariam de arranjar tudo: "Você tem sua nova casa, mas deixe-nos arranjar tudo de forma que tenhamos o direito de opinar. E não ame – porque, quando você ama, o amor passa a ser o seu mundo." Se é um casamento arranjado, tudo não passa de um acordo social; você não está apaixonado, sua mulher não é tudo para você, seu marido não é tudo para você. Portanto, onde quer que ainda exista casamentos arranjados, a família também existirá. Onde quer que o casamento por amor exista, a família está fadada a desaparecer.

No Ocidente, a família está desaparecendo. Agora você pode ver a lógica toda do fato de existirem casamentos arranjados: a família quer existir. Se você é destruído, se a sua possibilidade de amar é destruída, não importa; você tem que se sacrificar pela família. Se o casamento é arranjado, então existe uma família unida. Então, numa família, podem conviver centenas de pessoas – se o casamento é arranjado. Mas se um garoto e uma garota se apaixonam, então eles vivem num mundo à parte. Eles querem viver sozinhos, querem privacidade. Não querem centenas de pessoas por perto, tios dos tios e sobrinhos dos sobrinhos... não querem esse mercado de peixe; querem ter um mundo particular, só deles. Essa coisa toda parece perturbadora.

A família é contra o amor. Você deve ter ouvido falar que a família é a fonte do amor, mas eu digo a você: a família é contra o amor. A família existe pelo fato de matar o amor; ela não deixa que o amor aconteça.

A sociedade não permite o amor porque, se a pessoa está de fato amando profundamente, ela não pode ser manipulada. Você não pode mandá-la para a guerra; ela dirá, "Estou tão feliz onde estou! Para onde você vai me mandar? E por que eu devo ir e matar estranhos que podem ser felizes na casa deles? E nós não temos nenhum conflito, não temos nenhum conflito de interesses..."

Se a nova geração amar cada vez profundamente, as guerras desaparecerão porque não será mais possível encontrar nenhum povo maluco o suficiente para ir à guerra. Se você ama, você já provou alguma coisa da vida; não vai gostar da morte e de matar pessoas. Se você não ama, não provou nada da vida; você ama a morte.

O medo mata, quer matar. O medo é destrutivo; o amor é uma energia criativa. Quando ama, você quer criar – pode querer cantar, pintar, fazer poemas, mas não vai querer pegar uma baioneta ou uma bomba atômica e sair por aí feito louco matando pessoas que são absolutamente desconhecidas para você, que não fizeram nada, que são tão desconhecidas para você quanto você é para elas.

O mundo só desistirá das guerras quando o amor reinar novamente. Os políticos não querem que você ame, a sociedade não quer que você ame, a família não quer que você ame. Eles todos querem controlar sua energia de amor porque essa é a única energia que existe. Eis porque existe medo.

Se você entende o que eu digo, deixe de lado todos os medos e ame mais – ame incondicionalmente. Não pense que está fazendo algo pelos outros quando ama; você está fazendo algo *por si mesmo*. Quando ama, isso faz bem para você. Então não espere; não diga que vai amar quando os outros amarem – isso absolutamente não importa.

Seja egoísta. O amor é egoísta. Ame as pessoas – isso fará com que se sinta pleno, fará com que se sinta cada vez mais abençoado.

E, quando o amor se aprofunda, o medo desaparece; o amor é a luz, o medo é a escuridão.

E existe ainda o terceiro estágio do amor – a prece. As igrejas, as religiões, as seitas organizadas – elas o ensinam a rezar. Mas, na verdade, elas o impedem de rezar porque a prece é um fenômeno espontâneo, não pode ser ensinado. Se na infância o ensinaram a rezar, você foi privado de uma linda experiência que poderia ter acontecido. A prece é um fenômeno espontâneo.

> Seja egoísta. O amor é egoísta. Ame as pessoas – isso fará com que se sinta pleno, fará com que se sinta cada vez mais abençoado. E, quando o amor se aprofunda, o medo desaparece; o amor é a luz, o medo é a escuridão.

Tenho de contar a você uma história que eu adoro. Leão Tolstoi escreveu uma historieta: Numa certa parte da antiga Rússia, havia um lago que ficou famoso por causa de três santos. Todo o país ficou interessado. Milhares de pessoas viajaram para o lago para ver os três santos.

O alto sacerdote do país teve receio: O que estava acontecendo? Ele nunca ouvira falar sobre esses "santos" e nenhum deles fora canonizado pela Igreja; quem fizera deles santos? O Cristianismo tem feito uma das maiores tolices que já vi – eles declaram: "Este homem é santo." Como se você pudesse fazer de um homem santo declarando-o santo!

Mas as pessoas estavam ficando maravilhadas e havia muitas notícias de que milagres estavam acontecendo, de forma que o padre teve que ir e ver como a situação estava. Ele foi de barco até a ilha onde aquelas três pessoas pobres viviam; eram pobres, mas muito felizes – porque só existe uma pobreza e essa pobreza é o coração que não pode amar. Elas eram pobres, mas ao mesmo tempo ricas, as pessoas mais ricas que você poderia encontrar.

Elas estavam felizes sentadas sob uma árvore, rindo, divertindo-se, desfrutando o momento. Ao ver o padre, cumprimentaram-no e ele disse:

– O que estão fazendo aqui?

Porque ao ver essas três pessoas o padre imediatamente percebeu que elas não tinham instrução nenhuma, eram meio parvas – felizes, mas tolas.

Então ele olhou cada um dos três e eles disseram:

– Desculpe, senhor, não sabemos a prece certa, autorizada pela igreja, porque somos ignorantes. Mas criamos nós mesmos uma prece – em casa. Se o senhor não se ofender, podemos mostrá-la.

– Tudo bem – disse o padre. – Mostrem que prece vocês andam fazendo.

– Tentamos e pensamos e pensamos – explicaram eles. – Mas não somos grandes pensadores, somos pessoas tolas, aldeões ignorantes. Então decidimos por uma prece simples. No Cristianismo, Deus é visto como uma trindade, três: O Pai, o Filho, o Espírito Santo. E nós também somos três. Então decidimos rezar, "Você é três, nós somos três, tenha piedade de nós". Essa é a nossa prece, "Nós somos três, você também é três, tenha piedade de nós".

O padre ficou muito, muito zangado, quase furioso.

– Que bobagem! – ele disse. – Nunca se ouviu uma prece como essa. Parem com isso! Desse jeito vocês não podem ser santos. Vocês são simplesmente estúpidos.

Os três caíram aos pés do padre e imploraram:

– Nos ensine a prece verdadeira, a autêntica.

Então ele ensinou a eles a versão da prece autorizada pela Igreja Ortodoxa russa. Era longa, complicada, com palavras enormes, bombásticas. Os três se entreolharam – parecia impossível fazer aquela prece, as portas do céu estavam fechadas para eles. Então disseram:

– Por favor, nos ensine a prece novamente, porque é muito longa e não somos pessoas instruídas.

O padre ensinou-lhes mais uma vez, mas eles voltaram a dizer:

– Mais uma vez, senhor, porque nos esqueceremos e algo vai dar errado.

Então mais uma vez o padre lhes ensinou a prece. Eles agradeceram de todo o coração e o padre se sentiu muito bem por ter feito uma boa ação e trazido três pessoas tolas de volta à Igreja.

Ele partiu em seu barco, mas, quando estava no meio do lago, não pôde acreditar no que viu – aquelas três pessoas, aqueles três tolos, vinham correndo por cima da água! E diziam:

– Espere... mais uma vez... já esquecemos!

Era algo impossível de acreditar. O padre caiu aos pés dos homens, dizendo:

– Me perdoem. Continuem a fazer a prece que sempre fizeram.

A terceira energia do amor é a prece. Religiões, igrejas organizadas, destruíram-na. Elas querem dar a você preces prontas. A prece é um sentimento espontâneo. Lembre-se dessa história quando rezar. Deixe que a sua prece seja um sentimento espontâneo. Se nem as preces podem ser espontâneas, então o que será? Se nem com Deus você pode ser espontâneo, então com quem será autêntico, verdadeiro, natural?

Diga coisas que você gostaria de dizer. Converse com Deus como se conversasse com um amigo sábio. Mas dispense as formalidades. Um relacionamento formal não é um relacionamento de fato. E você vai ser formal com Deus também? Você perde toda a espontaneidade.

Infunda amor à sua prece. E então vocês podem conversar! É uma coisa linda, um diálogo com o universo.

Mas você já observou? Se for realmente espontâneo, as pessoas pensarão que você é louco. Se você se voltar para uma árvore e começar a falar, ou para uma flor, uma rosa, as pessoas acharão que está louco. Se você for à igreja e falar com uma cruz ou com uma imagem, ninguém achará que está louco; acham que você é uma pessoa religiosa. Estará falando com uma pedra num templo e todo mundo achará que você é uma pessoa religiosa, porque essa é a forma autorizada.

Se você fala com uma rosa, que está muito mais viva do que uma imagem de pedra, que é muito mais divina que qualquer imagem de pedra... se fala com uma árvore, que tem raízes muito mais profundas em Deus do que qualquer cruz, porque nenhuma cruz tem raízes, é uma coisa morta – é por isso que ela mata... A árvore está viva, tem raízes que penetram as entranhas da terra, galhos que se estendem para o céu, está ligada ao todo, com os raios do sol, com as estrelas – fale com as árvores! Elas podem ser um ponto de contato com o divino.

Mas, se fizer isso, as pessoas vão achar que está louco. A espontaneidade é vista como loucura. As formalidades são consideradas um sinal de sanidade. Só que, na realidade, o que acontece é o contrário.

Quando você entra num templo e simplesmente repete alguma prece que decorou, está simplesmente fazendo uma tolice. Tenha uma conversa de coração para coração! E a prece ficará linda, você começará a florescer por meio dela.

Rezar é estar apaixonado – estar apaixonado pelo todo. E às vezes você fica zangado com o todo e não fala; isso é lindo! Você diz, "Não vou falar, chega, você não está me ouvindo!" Um belo gesto, nada morto. E às vezes você abandona completamente a prece, porque rezou, rezou e Deus não o ouviu. É um relacionamento com um envolvimento profundo, você fica com raiva. Às vezes se sente bem, grato, agradecido; às vezes fica desconcertado. Mas deixe que seja um relacionamento *vivo*. Aí a prece será verdadeira. Se você só tagarela como um gramofone e repete a mesma coisa todo dia, não é prece.

Ouvi falar de um advogado que era um homem muito calculista. Toda noite ele ia para cama, olhava o céu e dizia, "Idem. Exatamente como nos outros dias", e ia dormir. Só uma vez ele rezou – a primeira vez na vida – e então, "Idem". Era uma coisa meio jurídica; para que dizer a mesma prece novamente? Se você diz idem ou repete a coisa toda, dá no mesmo.

A prece tem de ser uma experiência vivida, um diálogo de coração para coração. E não demora muito, se for sincero, você sentirá que não só você está falando, mas a resposta também está ali. Então a prece sustenta a si mesma, atinge a maioridade. Quando você sente a resposta, é sinal de que não é só você falando – se for um monólogo, ainda não é prece –, é um diálogo. Você não só fala como ouve.

E eu digo a você que toda a existência está pronta para responder. Se o seu coração estiver aberto, o todo responde.

Não existe nada igual à prece. Nenhum amor pode ser tão belo quanto a prece. Assim como sexo nenhum pode ser tão belo quanto o amor, amor nenhum pode ser tão belo quanto a prece.

Mas existe então um quarto estágio, que eu chamo de meditação. Ali, o diálogo também cessa. Então você tem um diálogo em silêncio. As palavras cessam, pois, quando o coração está realmente pleno, você não consegue falar. Quando o coração está transbordando, só o silêncio pode ser o veículo de comunicação. Então não existe o "outro". Você e o universo são uma coisa só. Você nem diz nada nem escuta nada. Você *está* com o uno, com o universo, com o todo. Uma unicidade – que é a meditação.

Esses são os quatro estágios do amor, e em cada um deles ocorrerá o desaparecimento do medo. Se o sexo acontece de maneira bela, o medo do corpo desaparece. O corpo não ficará neurótico. Geralmente – tenho observado milhares de corpos –, eles são neuróticos, corpos enlouquecidos. Insatisfeitos, fora de casa.

Se o amor acontece, o medo desaparece da mente. Você tem uma vida de liberdade, fácil, em casa. Nenhum medo surgirá, nenhum pesadelo.

Se a prece acontece, então o medo desaparece completamente, porque com a prece você se torna um – começa a sentir um relacionamento profundo com o todo. Do espírito, o medo desaparece; o medo da morte desaparece quando você reza, nunca antes disso.

E, quando você medita, até o destemor desaparece. O medo desaparece, o destemor desaparece. Nada permanece. Ou, *só* o nada permanece. Uma imensa pureza, a virgindade, a inocência.

NÃO É UM RELACIONAMENTO, MAS UM ESTADO DE SER

O amor não é um relacionamento. É um estado de ser; não há mais nada a fazer com ninguém. Você não está *amando*. Você *é* amor. Mas é claro que, quando você é amor, você está amando – mas isso é uma conseqüência, um subproduto, não é a fonte. A fonte é que você *é* amor.

E quem pode ser amor? É certo que, se você não está consciente de quem é, você não pode ser amor. Você será medo. O medo é justamente o contrário do amor. Lembre-se, o ódio não é o oposto do amor, como as pessoas pensam. O ódio é o amor ao contrário, não é o oposto do amor. O verdadeiro oposto do amor é o medo. No amor, expandimos; no medo, encolhemos. No medo, ficamos fechados; no amor, nos abrimos. No medo, duvidamos; no amor, confiamos. No medo, ficamos solitários. No amor, desaparecemos; por isso não há nenhuma dúvida quanto à solidão. Quando não se é, como se pode ser solitário? Então essas árvores e esses pássaros e essas nuvens e o sol e as estrelas estão todos dentro de você. Amor é quando você conheceu o seu céu interior.

A criança pequena está livre do medo; as crianças nascem sem medo. Se a sociedade puder ajudá-las e apoiá-las para que continuem sem medo, puder ajudá-las a subir em árvores e a escalar montanhas, nadar nos mares e nos rios – se a sociedade puder ajudá-las de todas as formas possíveis a se tornarem aventureiras, aventureiras do desconhecido, e se a sociedade puder fomentar um grande questionamento – em vez de dar a elas crenças mortas –, então as crianças serão grandes amantes, amantes da vida. E essa é a verdadeira religião. Não existe religião mais elevada que o amor.

> O verdadeiro oposto do amor é o medo. No amor, expandimos; no medo, encolhemos. No medo, ficamos fechados; no amor, nos abrimos. No medo, duvidamos; no amor, confiamos.

Medite, dance, cante e continue a mergulhar cada vez mais fundo em si mesmo. Ouça os passarinhos com mais atenção. Olhe as flores com assombro, com deslumbre. Não se torne uma pessoa instruída, não continue a rotular as coisas. Porque instrução é isso – a grande arte de rotular tudo, dividir tudo em categorias. Encontre as pessoas, misture-se com elas, com o maior número de pessoas possível, porque cada pessoa expressa uma faceta diferente de Deus. Aprenda com elas. Não tenha medo; esta existência não é inimiga sua. Esta existência cuida de você como uma mãe, ela está pronta para apoiar você de toda maneira possível. Confie e você começará a sentir um fluxo crescente de energia. Essa energia é amor. Essa energia quer abençoar toda a existência, pois com ela nos sentimos abençoados. E, quando você se sente abençoado, o que mais pode fazer senão abençoar toda a existência?

O amor é um desejo profundo de abençoar toda a existência.

ESTE BOLO ESTÁ UMA DELÍCIA!

O amor é muito raro. Tocar o cerne de uma pessoa é enfrentar uma revolução, pois, se você quiser tocar uma pessoa em sua essência, terá de deixar que essa pessoa toque a sua essência também. Você terá que ficar vulnerável, absolutamente vulnerável, aberto.

É um risco. Deixar que alguém toque a sua essência é arriscado, perigoso, porque você nunca sabe o que essa pessoa fará com você. E depois que todos os seus segredos forem devassados, depois que tudo o que você esconde for descoberto, depois que você estiver completamente exposto, o que a outra pessoa vai fazer nunca se sabe. O medo aparece. É por isso que nunca nos abrimos.

Basta que haja familiaridade para que você ache que o amor aconteceu. Periferias se encontram e achamos que nos encontramos. Você não é a sua periferia. Na verdade, a periferia é a fronteira onde você termina, só a cerca ao seu redor. Não é você! A periferia é o lugar onde você termina e o mundo começa.

Mesmo casais que vivem juntos há muitos anos podem ser meros conhecidos. Podem não se conhecer de verdade. E quanto mais você vive com uma pessoa mais esquece que a essência continua intocada.

Então a primeira coisa a ser entendida é: não confunda familiaridade com amor. Vocês podem estar fazendo amor, podem se relacionar sexualmente, mas o sexo também é periférico. A menos que as essências se encontrem, o sexo é apenas o encontro de dois corpos. E o encontro de dois corpos não é um encontro. O sexo também continua a ser familiaridade – física, corporal, mas ainda é só familiaridade. Você só consegue deixar alguém conhecer a sua essência quando não está com medo, quando não teme.

Existem dois tipos de vida: uma norteada pelo medo e a outra norteada pelo amor. A primeira talvez nunca o conduza a um relacionamento profundo. Você vive com medo, e o outro não tem permissão, não tem aval para chegar até você, para tocar a sua essência. Você dá essa permissão ao outro até certo ponto, mas depois disso uma parede se ergue e a coisa pára ali.

A pessoa norteada pelo amor é aquela que não tem medo do futuro, não tem medo do resultado ou da conseqüência; ela vive aqui e agora. Não se preocupa com o resultado; quem se preocupa é a mente norteada pelo medo. Não pensa no que vai acontecer fora dela. Contenta-se em ficar aqui e agir de corpo inteiro. Não calcula. O homem norteado pelo medo está sempre calculando, planejando, fazendo arranjos, garantindo. Ele perde a vida inteira fazendo isso.

Ouvi falar sobre um velho monge zen:

Ele estava em seu leito de morte. Seu último dia chegara e ele declarou que naquela noite não estaria mais ali. Então seus seguidores, discípulos e amigos começaram a vir. Havia muitas pessoas que o amavam, todas elas começaram a chegar; pessoas chegavam de todos os lugares.

A Coragem de Amar

Um dos seus discípulos mais antigos, quando ouviu que o Mestre ia morrer, correu para o mercado. Alguém perguntou:

– O Mestre está morrendo em sua cabana e você está indo ao mercado?

– Eu sei que meu Mestre adora um certo tipo de bolo – respondeu o discípulo. – Então estou indo comprar o bolo.

Foi difícil encontrar o bolo. Mas à noite, quando finalmente conseguiu, ele saiu correndo com a guloseima na mão.

Todo mundo estava preocupado – era como se o Mestre estivesse esperando por alguém. Ele abria os olhos, olhava em volta e os fechava novamente. Quando o discípulo chegou, ele disse:

– Bem, então você chegou. Onde está o bolo?

O discípulo mostrou o bolo, muito contente pelo mestre ter perguntado dele.

Nos estertores da morte, o mestre pegou o bolo na mão... mas a mão não tremia. Ele era muito velho, mas a mão dele não tremia. Então alguém perguntou:

– O senhor é tão idoso e está à beira da morte. O último suspiro logo o levará, mas sua mão não treme.

– Eu nunca tremo – respondeu o Mestre –, pois não existe medo. Meu corpo ficou velho, mas eu ainda sou jovem, e permaneço jovem mesmo quando meu corpo está morrendo.

Então o Mestre deu uma mordida no bolo e começou a mastigar ruidosamente. E então alguém perguntou:

– Qual é a sua última mensagem, Mestre? O senhor nos deixará em breve. O que gostaria de nos lembrar?

O Mestre sorriu e disse:

– Ah, este bolo está uma delícia!

Esse é um homem que vive no aqui e agora: *Este bolo está uma delícia*. Mesmo a morte é irrelevante. O instante a seguir é destituído de significado. *Este* momento, este bolo está delicioso. Se você consegue ficar neste momento, neste exato momento, neste presente, na plenitude, então você só pode amar.

O amor é uma flor rara. Ele só acontece às vezes. Milhões e milhões de pessoas vivem na falsa atitude de que amam. Elas acreditam que amam, mas isso é só uma crença.

O amor é uma flor rara. Às vezes ele acontece. É raro porque só pode acontecer quando não existe medo, nunca antes disso. Isso significa que o amor só pode acontecer a uma pessoa profundamente espiritualizada, religiosa. O sexo é possível para todos. A familiaridade é possível para todos. Não o amor.

Quando você não tem medo, não há o que esconder; então você pode se abrir, pode pôr abaixo todas as fronteiras. E então pode convidar o outro a tocar a sua essência.

E, lembre-se, se você deixa que alguém o toque profundamente, o outro também deixará que você o toque, pois, quando deixa que alguém o toque, você inspira confiança. Quando você não tem medo, o medo da outra pessoa também desaparece.

> O amor é uma flor rara. Às vezes ele acontece. É raro porque só pode acontecer quando não existe medo, nunca antes disso.

No amor de vocês, o medo está sempre presente. O marido teme a mulher, a mulher teme o marido. As pessoas que se amam sempre tem medo uma da outra. Então não é amor. É só um arranjo entre duas pessoas medrosas, que dependem uma da outra, brigam, exploram-se, manipulam, controlam, dominam, possuem uma a outra – mas não é amor. Se você conseguir deixar que o amor aconteça, não precisará de prece, não precisará de meditação, não precisará de igreja nenhuma, de templo nenhum. Se amar, você pode se esquecer completamente de Deus – porque, por meio do amor, tudo terá acontecido a você: meditação, prece, Deus, *tudo* terá acontecido a você. É isso que Jesus quis dizer quando falou que Deus é amor.

Mas o amor é difícil. O medo tem que ser superado. E é isto que é estranho, vocês tem tanto medo e, ao mesmo tempo, não tem nada a perder.

O místico Kabir disse uma vez, "Eu observo as pessoas... elas têm tanto medo, mas não consigo ver por quê – afinal, elas não têm nada a perder." Continuou Kabir, "Elas são como alguém que está nu, mas nunca toma banho no rio porque tem medo – onde irá secar as roupas? Essa é a situação em que você está – nu, sem roupa, mas o tempo todo preocupado com as roupas.

O que você tem a perder? Nada. Este corpo será levado pela morte; antes que seja tirado pela morte, ofereça-o ao amor. Seja o que for que você tiver, um dia lhe será tomado; antes que seja tomado, por que não compartilhá-lo? Esse é o *único* jeito de possuir alguma coisa. Se pode compartilhar e conceder, você é o mestre. Tudo será tomado – não há nada que você possa conservar para sempre. A morte destruirá tudo.

> Este corpo será levado pela morte; antes que seja tirado pela morte, ofereça-o ao amor. Seja o que for que você tiver, um dia lhe será tomado; antes que seja tomado, por que não compartilhá-lo?

Portanto, se você está acompanhando meu raciocínio, perceberá que a luta é entre a morte e o amor. Se você puder dar, não haverá morte. Antes que alguma coisa possa ser tirada de você, você já a terá dado, já terá feito dela um presente. Não poderá haver morte.

Para aquele que ama, não existe morte. Para o que não ama, todo momento é uma morte, pois a todo momento uma coisa lhe é arrebatada. O corpo está desaparecendo, a pessoa está perdendo a todo instante. E então haverá morte, e tudo será aniquilado.

O que é o medo? Por que você está tão amedrontado? Mesmo que saibam tudo a seu respeito e você seja um livro aberto, por que ter medo? Como isso pode ferir você? Apenas falsos conceitos, apenas falsos conceitos dados pela sociedade – que você tem de se esconder, tem de se proteger, tem de estar constantemente com disposição para lutar, que todo mundo é inimigo, todos estão contra você.

Ninguém está contra você! Mesmo que sinta que alguém está contra você, saiba que essa pessoa também não está contra você – porque todo mundo está preocupado consigo mesmo, não com você. Não há nada a temer. É preciso perceber isso para que um relacionamento verdadeiro possa acontecer. Não há nada a temer.

Medite sobre isso! E então deixe que o outro entre em você; convide o outro a invadir você. Não crie nenhuma barreira em lugar nenhum; torne-se uma passagem sempre aberta, sem cadeados, sem portas, sem portas trancadas em você. Então o amor será possível.

Quando duas essências se encontram, existe amor. E o amor é um fenômeno alquímico – assim como o hidrogênio e o oxigênio se encontram e algo novo, a água, é criado. Você pode ter hidrogênio, pode ter

---

> Mesmo que sinta que alguém está contra você, saiba que essa pessoa também não está contra você – porque todo mundo está preocupado consigo mesmo, não com você. Não há nada a temer. É preciso perceber isso para que um relacionamento verdadeiro possa acontecer.

oxigênio, mas, se estiver com sede, eles serão inúteis. Você pode ter tanto oxigênio quanto quiser, mas a sede não desaparecerá.

Quando duas coisas se encontram, uma coisa nova é criada. Essa coisa é o amor. E ele é como a água; a sede de muitas, muitas vidas é saciada. De repente, você fica satisfeito. Esse é o sinal visível do amor; você fica satisfeito, como se tivesse conseguido tudo. Não há nada mais para conseguir; você alcançou o seu objetivo. Não há outro objetivo além desse, o destino está cumprido. A semente virou uma flor, chegou ao seu florescimento máximo.

O contentamento profundo é o sinal visível do amor. Sempre que uma pessoa está amando, ela sente um profundo contentamento. O amor não pode ser visto, mas o contentamento, a satisfação profunda que a rodeia... sua respiração, cada movimento, todo seu ser demonstra contentamento.

Você pode se surpreender quando lhe digo que o amor faz com que você não tenha desejos, mas o desejo vem do descontentamento. Você deseja porque não tem. Deseja porque acha que, se tivesse algo, isso lhe daria contentamento. O desejo nasce do descontentamento.

Quando existe amor e duas essências se encontraram, dissolveram-se, fundiram-se e nasceu uma nova qualidade alquímica, o contentamento está presente. É como se toda a existência tivesse parado – nenhum movimento. Então o instante presente é o único instante. E aí você pode dizer, "Ah, este bolo está uma delícia". Mesmo a morte não significa nada para o homem que ama.

UM MUNDO SEM FRONTEIRAS

O amor é uma abertura num mundo sem fronteiras, um mundo que não acaba em lugar nenhum. O amor começa, mas não acaba nunca; tem começo, mas não tem fim.

Lembre-se de uma coisa: a mente costuma interferir e não dá ao amor seu infinito e seu espaço. Se você realmente ama uma pessoa, dá a ela espaço infinito. Seu próprio ser é só um espaço para ela crescer e com o qual crescer. A mente interfere e tenta possuir a pessoa, então o amor é destruído. A mente é muito gananciosa – a mente é ganância. A mente é muito venenosa. Portanto, se alguém quer entrar no mundo do amor, tem de deixar a mente de lado. Tem que viver sem a interferência da mente. A mente é útil quando está no seu devido lugar. Ela é necessária no supermercado; não no amor. E necessária quando você está preparando seu orçamento, mas não quando está circulando no seu espaço interior. É necessária na matemática; não na meditação. Portanto, a mente tem sua utilidade, mas essa utilidade é para o mundo exterior. Para o interior, ela é simplesmente irrelevante. Então seja cada vez mais amoroso... incondicionalmente amoroso. Seja amor. Seja uma abertura – seja só amor.

> Se você realmente ama uma pessoa, dá a ela espaço infinito. Seu próprio ser é só um espaço para ela crescer e com o qual crescer. A mente interfere e tenta possuir a pessoa, então o amor é destruído.

Pássaros e árvores, terra e estrelas, homens e mulheres – todo mundo entende isso. Preto e branco, só existe uma língua, que é a língua do universo – essa língua é o amor. Então torne-se essa língua. E depois que você se tornar amor, um mundo totalmente novo se abrirá para você, um mundo sem fronteiras.

Lembre-se sempre de que a mente é o motivo de muitas pessoas prestativas se fecharem. A mente tem muito medo de se abrir porque ela existe basicamente devido ao medo. Quanto mais destemida for a pessoa, menos ela usará a mente. Quanto mais medo ela tiver, mais usará a mente.

A Coragem de Amar   91

Você talvez tenha observado que, quando está com medo, ansioso, quando existe algo que o preocupa, a mente fica em primeiro plano. Quando você está ansioso, a mente fica muito presente. Do contrário, a mente não fica tão presente.

Quando tudo vai bem e não existe medo, a mente fica para trás. Quando as coisas dão errado, a mente simplesmente salta na frente e assume a liderança. Em tempos de perigo, ela vira líder. A mente é como os políticos. Adolf Hitler escreveu em sua autobiografia, *Mein Kampf*, que você tem que deixar o país sempre com medo se quiser permanecer na liderança. Mantenha o país sempre com medo de que o vizinho vá atacar, de que existam países que estejam planejando um ataque, que estejam se preparando para atacar – continue criando rumores. Nunca deixe as pessoas sossegadas, porque quando estão sossegadas elas não se importam com os políticos. Quando as pessoas estão realmente tranqüilas, os políticos perdem o sentido. Mantenha as pessoas com medo e o político será poderoso.

Sempre que há uma guerra, o político vira um grande homem. Churchill ou Hitler ou Stalin ou Mao – eles foram todos produtos da guerra. Se não houvesse uma Segunda Guerra Mundial, não haveria Winston Churchill e nenhum Hitler ou Stalin. A guerra cria situações, dá oportunidades para que as pessoas dominem e se tornem líderes. Com a política da mente acontece o mesmo.

A meditação não é nada mais do que criar uma situação em que a mente tenha cada vez menos o que fazer. Você fica tão sem medo, tão cheio de amor, tão em paz – fica tão satisfeito com o que quer que

Quanto mais destemida for a pessoa, menos ela usará a mente. Quanto mais medo ela tiver, mais usará a mente.

esteja acontecendo que a mente não tem nada a dizer. Então a mente logo vai ficando para trás, ficando para trás, tomando uma distância cada vez maior.

Um dia a mente recua completamente – e aí você se torna o universo. Você não fica mais confinado no seu corpo, não fica mais confinado em nada – você é espaço puro. É isso que é Deus. Deus é espaço puro.

O amor é o caminho rumo a esse espaço puro. O amor é o meio e Deus é o fim.

Meditação não é nada mais do que criar uma situação em que a mente tenha cada vez menos o que fazer.

AS PESSOAS QUE TÊM MEDO SÃO AQUELAS QUE TÊM UMA CAPACIDADE ENORME DE AMAR. O medo é um aspecto negativo do amor. Se não deixamos o amor fluir, ele vira medo. Se deixamos o amor fluir, o medo desaparece. É por isso que só em momentos de amor não existe medo. Se você ama uma pessoa, o medo de repente desaparece. As pessoas que amam são as únicas que não têm medo; mesmo a morte não é problema. É por isso que as mulheres sentem mais medo do que os homens; porque elas têm um potencial maior para amar. Neste mundo, são poucas as possibilidades de se pôr em prática o amor, por isso ele fica à sua espera. E quando uma potencialidade não é posta em prática, ela se torna o seu oposto. O amor pode virar ciúmes; que também faz parte do medo. Pode virar possessividade; que também faz parte do medo. Pode virar até ódio; que também faz parte do medo. Portanto, seja cada vez mais amoroso. Ame incondicionalmente, e ame de todas as maneiras possíveis. Podemos amar de milhões de formas diferentes.

A Coragem de Amar

É possível amar um estranho que passa na rua. É possível só sentir amor por ele e seguir adiante. Não é preciso nem travar uma conversa. Não é preciso comunicar esse amor. Pode-se simplesmente senti-lo e seguir adiante. Pode-se amar uma rocha. Pode-se amar as árvores, pode-se amar o céu, as estrelas. Pode-se amar o amigo, o marido, os filhos, o pai, a mãe. Pode-se amar de milhões de formas diferentes.

LEMBRE-SE: BRAVURA NÃO SIGNIFICA DESTEMOR. Se alguém é destemido, você não pode dizer que essa pessoa demonstra bravura. Você não pode dizer que uma máquina demonstra bravura; ela simplesmente não tem medo. A bravura existe só no oceano de medo, ela é uma ilha no oceano de medo. O medo está ali, mas, apesar do medo, a pessoa se arrisca – isso é bravura. A pessoa treme, tem medo de enfrentar a escuridão, mas mesmo assim segue em frente. Apesar de si mesma, ela vai; é isso que significa bravura. Não significa falta de medo. Significa ter medo, mas não ser dominado por ele.

Se não deixamos o amor fluir, ele vira medo.
Se deixamos o amor fluir, o medo desaparece.

A maior questão vem à tona quando você avança em direção ao amor. Então o medo comprime a sua alma, porque amar significa morrer, morrer dentro do outro. É morte, e uma morte muito mais profunda do que a morte comum. Na morte comum, só o corpo morre; na morte do amor, o ego morre. Para amar é preciso muita coragem; é preciso ser capaz de mergulhar de cabeça, apesar de todo o medo que alardeamos em torno dele.

Quanto maior o risco, maior a possibilidade de crescer – portanto, nada ajuda mais o homem a crescer do que o amor. As pessoas que têm medo de amar permanecem infantis, imaturas, verdes. É só o fogo do amor que possibilita o amadurecimento.

NEM FÁCIL NEM DIFÍCIL, SÓ NATURAL

O amor é um estado natural da consciência. Não é nem fácil nem difícil, essas palavras de forma nenhuma se aplicam a ele. Ele não é um esforço; por isso não pode ser fácil nem pode ser difícil. É como respirar! É como as batidas do coração, é como o sangue circulando no nosso corpo.

O amor é o nosso próprio ser... mas esse amor ficou quase impossível. A sociedade não o permite. A sociedade condiciona você de tal forma que o amor fica impossível e o ódio passa a ser a única coisa possível. Então o ódio é fácil, e o amor não só é difícil como impossível. O homem tem sido deturpado. Ele não pode ser reduzido à escravidão se não for primeiro deturpado. Os políticos e os padres têm participado de uma profunda conspiração ao longo das eras. Eles têm reduzido a humanidade a uma multidão de escravos. Estão destruindo qualquer possibilidade de rebelião no homem – e o amor é uma rebelião, porque o amor ouve só o coração e não dá a mínima para o resto.

O amor é perigoso porque ele faz de você um indivíduo. E o Estado e a Igreja... eles não querem indivíduos, de jeito nenhum. Não querem seres humanos, querem ovelhas. Querem pessoas que só pareçam seres humanos, mas cuja alma tenha sido esmagada de tal maneira, tenha sido danificada a tal ponto, que o estrago pareça quase irremediável.

E a melhor maneira de destruir o homem é destruir sua espontaneidade de amar. Se o homem tiver amor, não poderá haver nações; as nações existem no ódio. Os indianos odeiam os paquistaneses e os paquistaneses odeiam os indianos – só assim esses dois países podem existir. Se o amor surgir, as fronteiras vão desaparecer. Se o amor surgir, então quem vai ser cristão e quem vai ser judeu? Se o amor surgir, as religiões desaparecerão.

Se o amor surgir, quem irá ao templo? Para quê? É porque está faltando amor que você sai em busca de Deus. Deus não é nada mais do que um substituto para o amor que está faltando. Como você não é bem-aventurado, não está em paz, não está em êxtase, você está em busca de Deus. Se a sua vida é uma dança, Deus já está no seu coração. O coração amoroso está cheio de Deus. Não há necessidade de mais nenhuma busca, não há necessidade de mais nenhuma prece, não há necessidade de ir a templo nenhum, de procurar padre nenhum.

Por isso o padre e o político, esses dois, são inimigos da humanidade. Eles estão conspirando, pois o político quer governar seu corpo e o padre quer governar sua alma. E o segredo é o mesmo: destruir o amor. Então o homem passa a ser nada além de uma vacuidade, de um vazio, uma existência sem sentido. Então você pode fazer o que quiser com a humanidade e ninguém se rebelará, ninguém terá coragem suficiente para se rebelar.

O amor dá coragem, o amor leva todo o medo embora – e os opressores dependem do seu medo. Eles criam medo em você, mil e um tipos de medo. Você fica cercado de medos, toda a sua psicologia é cheia de medos. Lá no fundo você está tremendo. Só na superfície você mantém uma certa fachada; mas, dentro de você, existem camadas e camadas de medo.

> Se a sua vida é uma dança, Deus já está no seu coração. O coração amoroso está cheio de Deus. Não há necessidade de mais nenhuma busca, não há necessidade de mais nenhuma prece, não há necessidade de ir a templo nenhum, de procurar padre nenhum.

Um homem cheio de medo só pode odiar – o ódio é uma conseqüência natural do medo. Um homem cheio de medo é também cheio de raiva, e um homem cheio de medo é mais contra a vida do que a favor dela. A morte parece um estado repousante para ele. O homem temeroso é suicida, tem uma visão negativa da vida. A vida lhe parece perigosa, pois viver significa que você terá de amar – como você poderá viver? Exatamente como o corpo precisa respirar para viver, a alma precisa de amor para viver. E o amor está definitivamente envenenado.

Envenenando a sua energia de amor, eles criaram uma cisão em você; criaram um inimigo dentro de você, dividiram-no em dois. Eles criaram uma guerra civil, e você está sempre em conflito. E, no conflito, sua energia é dissipada; por isso sua vida não tem sabor, alegria. Não transborda de energia; ela é sem graça, insípida, falta-lhe inteligência.

O amor aguça a inteligência, o medo a embota. Quem quer que você seja inteligente? Não aqueles que estão no poder. Como eles podem querer que você seja inteligente? – porque, se for inteligente, você começará a ver toda a estratégia, os jogos que eles fazem. Eles querem que você seja burro e medíocre. Certamente querem que você seja eficiente no que diz respeito ao trabalho, mas não inteligente; por isso a humanidade vive o seu potencial mínimo.

Os cientistas dizem que o homem comum usa, ao longo de toda vida, só 5% da inteligência. O homem comum, só 5% – e o homem fora do comum? E um Albert Einstein, um Mozart, um Beethoven? Os pesquisadores dizem que mesmo as pessoas muito talentosas não usam mais do que 10%. E aqueles que chamamos de gênios usam só 15%.

Pense num mundo em que todos usassem 100% do seu potencial... então os deuses ficariam enciumados, eles gostariam de nascer na Terra. Então a Terra seria um paraíso, um superparaíso. Do jeito que está agora, ela é um inferno.

Se o homem fosse deixado em paz, em vez de ser envenenado, o amor seria uma coisa simples, muito simples. Não haveria problema nenhum. Seria como a água seguindo a correnteza ou o vapor subindo, as árvores florescendo, os pássaros cantando. Ele seria tão natural e tão espontâneo!

Mas não deixam o homem em paz. Quando a criança nasce, os opressores já estão prontos para cair em cima dela, para dizimar suas energias, distorcê-las a tal ponto, tão profundamente, que a pessoa nunca terá consciência de que está vivendo uma vida falsa, uma pseudovida, de que não está vivendo a vida como ela deveria ser vivida, como ela nasceu para viver; não saberá que ela está vivendo algo sintético, plástico, que não é sua verdadeira alma. É por isso que milhões de pessoas estão sofrendo do jeito que estão – elas sentem que estão sendo iludidas, que não são elas mesmas, que algo não está muito certo...

>
> Pense num mundo em que todos usassem 100% do seu potencial... então os deuses ficariam enciumados, eles gostariam de nascer na Terra. Então a Terra seria um paraíso.

O amor é simples se deixarmos que a criança cresça, se a ajudarmos nesse crescimento de uma forma natural. Se a ajudarmos a ficar em harmonia com a natureza e com ela mesma, se a apoiarmos, cuidarmos dela e a estimularmos, em todos os sentidos, a ser ela mesma, uma luz para si mesma, então o amor será simples. Ela será simplesmente amorosa!

O ódio será quase impossível porque, antes que você possa ter ódio de alguém, é necessário primeiro que crie o veneno dentro de si mesmo. Você só pode dar uma coisa a alguém se você a tiver. Só pode odiar se estiver cheio de ódio. E estar cheio de ódio é estar queimando por dentro. Estar cheio de ódio significa que, antes de mais nada, você está machucando a si mesmo. Antes de poder ferir outra pessoa, você tem que ferir a si próprio. O outro pode não ser ferido, isso dependerá dele. Mas uma coisa é absolutamente certa: antes de poder odiar, você tem que ter sofrido muito. A outra pessoa pode não aceitar ser odiada, ela pode rejeitar seu ódio. Ela pode ser um buda – pode simplesmente rir do seu ódio. Pode perdoar você, pode não ter reação nenhuma. Talvez você não seja capaz de odiá-la, caso ela não esteja pronta para esboçar qualquer reação. Se você não consegue deixá-la perturbada, o que pode fazer? Sente-se impotente diante dela.

Portanto, a outra pessoa não vai necessariamente se sentir ferida. Embora uma coisa seja absolutamente certa: se você odeia alguém, primeiro tem de ferir sua própria alma de tantas maneiras, tem que estar tão cheio de veneno que consegue atingir os outros com esse veneno.

> Se você odeia alguém, primeiro tem de ferir sua própria alma de tantas maneiras, tem que estar tão cheio de veneno que consegue atingir os outros com esse veneno.

O ódio não é natural. O amor é um estado saudável; o ódio é um estado doentio. Assim como a doença não é natural. O ódio acontece só quando você se desvia da natureza, quando já não está em harmonia com a existência, já não está em harmonia com seu próprio ser, com sua essência mais profunda. Então você está doente – psicológica e espiritualmente. O ódio é só um símbolo da doença, e o amor, da saúde, da plenitude e da santidade.

O amor devia ser uma das coisas mais naturais deste mundo, mas não é. Pelo contrário, ele se tornou a coisa mais difícil – quase impossível. Odiar ficou mais fácil; você é treinado, é preparado para odiar. Ser hindu é morrer de ódio dos muçulmanos, dos cristãos, dos judeus; ser cristão é morrer de ódio das outras religiões. Ser nacionalista é morrer de ódio das outras nações.

Você só conhece um jeito de amar, que é odiar os outros. Você só consegue mostrar o amor que sente pelo seu país odiando os outros países e só consegue mostrar o amor que sente pela igreja odiando as outras igrejas. Sua vida está uma bagunça!

As assim chamadas religiões continuam a falar de amor e tudo o que elas fazem neste mundo é criar mais e mais ódio. Os cristãos falam de amor e têm criado guerras, cruzadas. Os muçulmanos falam de amor e têm criado *jihads*, guerras religiosas. Os hindus falam de amor, mas você pode ler nas escrituras desse povo – eles estão cheios de ódio, ódio pelas outras religiões. E nós aceitamos toda essa bobagem! Aceitamos sem demonstrar nenhuma resistência, porque fomos condicionados a aceitar essas coisas, fomos ensinados que as coisas são assim mesmo. E então você continua a negar sua própria natureza.

O amor tem sido envenenado, mas não destruído. O veneno pode ser neutralizado, pode ser retirado do seu organismo – você pode ser purificado. Pode vomitar tudo o que a sociedade o forçou a engolir. Pode jogar fora todas as suas crenças e todos os seus condicionamentos – pode se libertar. A sociedade não pode fazer de você um escravo para sempre, caso decida ser livre.

Chegou a hora de jogar fora todos os padrões obsoletos e começar uma vida nova, uma vida natural, não repressora, uma vida não de renúncia, mas de alegria. Odiar ficará a cada dia mais impossível. O ódio é o pólo oposto do amor, assim como a doença é o pólo oposto da saúde. Mas você não precisa optar pela doença.

> O amor devia ser uma das coisas mais naturais deste mundo, mas não é. Pelo contrário, ele se tornou a coisa mais difícil – quase impossível. Odiar ficou mais fácil; você é treinado, é preparado para odiar.

A doença oferece umas poucas vantagens que a saúde não pode oferecer; não se apegue a essas vantagens. O ódio também tem umas poucas vantagens que o amor não tem. E você tem que ser muito observador. A pessoa doente ganha a simpatia de todos; ninguém a fere, todo mundo toma cuidado com o que lhe diz, afinal ela é tão doente! Ela é o centro das atenções, o centro de todo o mundo – da família, dos amigos –, passa a ser a pessoa de quem todos falam, uma pessoa importante. Agora, se ela se apegar muito a essa importância, ao fato de seu ego estar satisfeito, ela nunca mais vai querer ser uma pessoa saudável. Ela se agarrará à doença. E os psicólogos dizem que existem muitas pessoas apegadas à doença por causa das vantagens que ela oferece. E essas pessoas investiram tanto tempo nessa doença que se esqueceram completamente de que estão apegadas a ela. Têm medo de que, se ficarem saudáveis, não terão mais ninguém.

Você ensina isso também. Quando uma criancinha fica doente, toda a família se volta para ela. Isso é absolutamente não-científico. Quando a criança estiver doente, cuide do corpo dela, mas não lhe dê atenção demais. É perigoso, porque ela associa a doença à atenção que você lhe dá... o que fatalmente acontece, se isso se repetir muito.

Sempre que a criança fica doente, ela passa a ser o centro das atenções de toda a família: o papai vem, senta-se ao lado dela e pergunta como está se sentindo, o médico é chamado, os vizinhos começam a aparecer, os amigos perguntam e as pessoas trazem presentinhos...

Ela pode ficar apegada demais a isso; essa atenção toda pode agradar de tal modo o seu ego que a criança pode não que-

Chegou a hora de jogar fora todos os padrões obsoletos e começar uma vida nova, uma vida natural, não repressora, uma vida não de renúncia, mas de alegria.

rer ficar boa de novo. E, se isso acontecer, então será impossível ficar saudável. Nenhum remédio a curará. A pessoa se compromete com a doença. E isso é o que acontece com muitas pessoas, com a maioria.

Quando você odeia, seu ego fica satisfeito. O ego só pode existir se você odiar, pois quando odeia você se sente superior, sente-se separado, define-se. Quando odeia, você consegue uma certa identidade. No amor, o ego tem de desaparecer. No amor, você não fica mais separado – o amor o ajuda a se fundir com as outras pessoas. Trata-se de um encontro e de uma fusão.

Se você é muito apegado ao ego, odiar é fácil e amar é muito difícil. Fique alerta, atento: o ódio é a sombra do ego. Para amar é preciso grande coragem. É preciso grande coragem porque requer o sacrifício do ego. Só aqueles que estão prontos para se descorporificar são capazes de amar. Só aqueles que estão prontos para transformar-se em nada, para esvaziar-se completamente de si mesmos, são capazes de receber, do além, o dom de amar.

AFASTE-SE DA MULTIDÃO

🖎

Meditação é só a coragem de ficar em silêncio e sozinho.

Devagar, muito devagar, você começa a sentir uma nova qualidade em si mesmo, uma nova vivacidade, uma nova beleza, uma nova inteligência – que não é emprestada de ninguém; ela está crescendo dentro de você. Tem raízes na sua existência. E, se você não é covarde, ela começará a fruir, a florescer.

Ninguém é o que, por natureza, deveria ser. A sociedade, a cultura, a religião, a educação, tudo isso conspira contra crianças inocentes. Elas têm nas mãos todo o poder – a criança é indefesa e dependente, por isso o que quer que elas queiram fazer dela, conseguem. Elas não permitem que nenhuma criança cresça e cumpra seu destino natural. Todos os seus esforços visam a um único objetivo: fazer com que os seres humanos tornem-se alguma coisa útil. Se deixarem que a criança cresça à vontade, como saberão se ela servirá aos seus interesses escusos? A sociedade não está preparada para correr esse risco. Ela apodera-se da criança e começa a moldá-la para que se torne algo socialmente útil.

Num certo sentido, ela mata a alma da criança e dá a ela uma falsa identidade, de forma que ela nunca sinta falta da sua alma, do seu ser. A falsa identidade é um substituto. Mas esse substituto só é útil no grupo que lhe deu essa falsa identidade. No momento em que você está sozinho, o falso começa a se desintegrar e o real reprimido começa a se exprimir. Por isso o medo de ficar sozinho.

Ninguém quer ficar sozinho. Todo mundo quer fazer parte de um grupo – não só de um, mas de muitos. A pessoa pertence a um grupo religioso, a um partido político, a um Rotary Club... e existem muitos outros grupos para se pertencer. Ela quer ter apoio 24 horas por dia porque o falso, sem apoio, não consegue se sustentar. No momento em que ela está sozinha, começa a sentir uma estranha loucura. Por muitos anos você acreditou que era uma certa pessoa e então, de repente, num momento de solidão, começa a sentir que não é essa pessoa. Isso dá medo: quem sou eu, então?

E anos de repressão... levará algum tempo até que o real se expresse. A lacuna entre os dois costuma ser chamada pelos místicos de "a noite escura da alma" – uma expressão muito apropriada. Você não é mais o falso, mas ainda não é o verdadeiro. Você está no limbo, não sabe quem é.

No Ocidente, principalmente, o problema é até mais complicado, porque ali não se desenvolveu nenhum método para descobrir o real logo que possível e assim encurtar a noite escura da alma. O Ocidente não sabe nada sobre meditação. E a meditação é só um nome para se estar sozinho, em silêncio, esperando até que o real se firme. Não se trata de uma ação, é um relaxamento silencioso – porque o que quer que você "faça", isso virá da sua personalidade falsa... tudo o que você faz, há muitos anos, vem dela. É um velho hábito.

Os hábitos custam a morrer. Tantos anos vivendo com uma personalidade falsa, imposta por pessoas que você ama, que sempre respeitou... e elas não estão querendo fazer nada de mal a você. As intenções dessas pessoas eram boas, só lhes faltava discernimento. Elas não eram pessoas conscientes – seus pais, seus professores, os padres, os políticos – não eram pessoas conscientes, eram inconscientes. E até uma boa intenção nas mãos de uma pessoa inconsciente vira um veneno.

Por isso, sempre que está sozinho, surge um medo profundo – porque, de repente, o falso começa a desaparecer. E o novo leva um tempinho para se firmar, você o perdeu há tantos anos. Você terá que levar em consideração o fato de que precisa fazer uma ponte sobre essa lacuna de tantos anos.

Com medo – de que esteja se perdendo, perdendo o senso, a sanidade, a mente, tudo... porque o eu que os outros lhe deram é composto de todas essas coisas – é como se você fosse ficar louco. Imediatamente você começa a fazer algo só para ficar ocupado. Se não há ninguém por perto, pelo menos existe alguma ação, de forma que o falso possa ficar ocupado e não comece a desaparecer.

Por isso as pessoas acham que isso é mais difícil nas férias. Durante cinco dias elas trabalham, esperando que no final de semana possam relaxar. Mas o fim de semana é a pior hora do mundo – acontecem mais acidentes, mais gente se suicida, há mais assassinatos, mais roubos, mais estupros. Estranho... e essas pessoas ficaram cinco dias ocupadas e não houve nenhum problema. Mas, no fim de semana, tiveram uma chance, ou para fazer outra coisa ou para relaxar – mas relaxar é aterrorizante; a personalidade falsa desaparece. Continue ocupado, faça qualquer coisa idiota. As pessoas correm para a praia, pegam um congestionamento de quilômetros. E, se você perguntar a elas onde estão indo, vão dizer que estão querendo "fugir do tumulto da cidade" – e o tumulto todo está indo com elas! Estão indo para um lugar silencioso, solitário – todas ao mesmo tempo!

Na verdade, se tivessem ficado em casa, teriam mais silêncio e solidão – pois todos os idiotas teriam saído em busca de um lugar solitário. E estão correndo feito loucos, porque dois dias terminam rápido, eles têm que chegar – não pergunte onde!

Na praia, você vê... as pessoas ficam amontoadas, nem um supermercado fica tão lotado. E, o que é estranhíssimo, as pessoas se sentem muito à vontade, tomando banho de sol. Dez mil pessoas numa pequena praia tomando banho de sol, relaxando. A mesma pessoa na mesma praia, se estivesse sozinha, não conseguiria relaxar. Mas ela sabe que milhares de pessoas estarão relaxando junto dela. As mesmas pessoas estavam no escritório, as mesmas pessoas estavam nas ruas, as mesmas pessoas estavam no supermercado, agora as mesmas pessoas estão na praia.

A multidão é essencial para que o falso eu exista. No momento em que ele está sozinho, começa a enfraquecer. É por isso que é preciso entender um pouquinho de meditação.

Não fique preocupado, pois aquilo que corre o risco de desaparecer é muito bom que desapareça. Não faz sentido se agarrar a isso – não é seu, não é você.

Você é aquele que fica quando o falso se vai e o novo, o inocente, o despoluído emerge em seu lugar. Ninguém mais pode responder à pergunta "Quem sou eu?" – você poderá.

Todas as técnicas de meditação servem para ajudar a destruir o falso. Elas não dão a você o real – o real não é algo que se dê.

Aquilo que pode ser dado não pode ser real. O real você já tem; só o falso tem de ser eliminado.

Isso pode ser dito de um jeito diferente: o Mestre tira de você coisas que você na verdade não tem, e lhe dá o que você realmente tem.

Meditação é só a coragem de ficar em silêncio e sozinho. Devagar, muito devagar, você começa a sentir uma nova qualidade em si mesmo, uma nova vivacidade, uma nova beleza, uma nova inteligência – que não é emprestada de ninguém; ela está crescendo dentro de você. Ela tem raízes na sua existência. E, se você não for covarde, ela fruirá e florescerá.

> Todas as técnicas de meditação servem para ajudar a destruir o falso. Elas não dão a você o real – o real não é algo que se dê. Aquilo que pode ser dado não pode ser real. O real você já tem; só o falso tem de ser eliminado.

Só os bravos, os corajosos, as pessoas de fibra podem ser religiosas. Não as que freqüentam a Igreja – essas são covardes. Não os hindus, não os muçulmanos, não os cristãos – estes são contra a busca. A mesma multidão, ela está tentando fazer com que a falsa identidade fique mais consolidada.

Você nasceu, veio para este mundo com vida, com consciência, com uma tremenda sensibilidade. Basta olhar uma criança pequena – olhe nos olhos dela, no frescor. Tudo isso tem sido encoberto por uma falsa personalidade.

Não é preciso ficar com medo. Você só pode perder aquilo que tem de ser perdido. E é bom que perca logo – pois, quanto mais tempo permanece, mais forte isso fica.

E não se sabe o dia de amanhã.

Não morra antes de conhecer seu ser autêntico.

Só essas poucas pessoas são afortunadas, aquelas que viveram de acordo com esse ser autêntico e morreram de acordo com ele – pois elas sabem que a vida é eterna e a morte é uma ficção.

A POLÍTICA DOS NÚMEROS

Na sociedade, existe uma profunda expectativa de que você se comporte exatamente como todos os demais. No momento em que se comporta de forma um pouco diferente, você passa a ser um sujeito estranho, e as pessoas têm muito medo de estranhos.

Afaste-se da Multidão   107

É por isso que, em qualquer lugar, se há duas pessoas no ônibus, no trem ou paradas no ponto de ônibus, elas não podem ficar sentadas em silêncio – porque em silêncio elas são dois estranhos. Elas começam imediatamente a se apresentar uma a outra – "Quem é você? Para onde está indo? O que você faz, qual é a sua profissão?" Mais um pouco...e elas sossegam; você é outro ser humano sendo exatamente como eles.

As pessoas sempre querem participar de um grupo ao qual se ajustem. No instante em que você se comporta de um jeito um pouco diferente, o grupo todo fica desconfiado; alguma coisa está errada. Eles conhecem você, podem ver a mudança. Eles o conheciam quando você nunca se aceitava, e agora eles vêem de repente que você se aceita...

Nesta sociedade, ninguém aceita a si mesmo. Todo mundo se condena. Esse é o estilo de vida da sociedade: condenar-se. E, se você não está se condenando, se está se aceitando do jeito que é, você tem que se afastar da sociedade. E a sociedade não tolera ninguém que saiu do rebanho, porque ela vive de números; é uma política de números. Quando há muitos números, as pessoas se sentem bem. Números grandes fazem com que as pessoas sintam que tem de estar certas – elas não podem estar erradas, milhões de pessoas estão com elas. E, quando ficam sozinhas, grandes dúvidas começam a vir à tona: Ninguém está comigo. O que garante que estou certo?

A sociedade vive de números; é uma política de números. Quando há muitos números, as pessoas se sentem bem. Números grandes fazem com que as pessoas sintam que tem de estar certas – elas não podem estar erradas, milhões de pessoas estão com elas.

É por isso que eu digo que, neste mundo, ser um indivíduo é o maior sinal de coragem.

Para ser um indivíduo, é preciso o mais destemido dos treinamentos: "Não importa que o mundo inteiro esteja contra mim. O que importa é que a minha experiência é válida. Eu não me importo com os números, com quantas pessoas estão comigo. Eu me importo com a validade da minha experiência – se estou simplesmente repetindo as palavras de outra pessoa, como um papagaio, ou se a fonte das minhas afirmações é a minha própria experiência. Se é a minha própria experiência, se isso é parte do meu sangue, dos meus ossos, do meu âmago, então o mundo inteiro pode pensar de outro jeito; ainda assim, eu estou certo e eles estão errados. Não importa, não preciso da aprovação deles para sentir que estou certo. Só aqueles que defendem as opiniões de outras pessoas precisam do apoio dos outros."

Mas é assim que a sociedade humana tem sido até agora. É assim que ela mantém você no rebanho. Se os outros estão tristes, você tem que ficar triste; se sofrem, você tem que sofrer. O que quer que eles sejam, você tem que ser também. Não se permitem diferenças, porque as diferenças acabam levando para o indivíduo, para o único, e a sociedade tem muito medo do indivíduo e da unicidade. Isso significa que alguém ficou independente do grupo, que essa pessoa não dá a mínima para o grupo. Seus deuses, seus templos, seus padres, suas escrituras, tudo ficou sem sentido para ela.

Agora ela tem seu próprio ser e seu próprio jeito, seu próprio estilo – de viver, morrer, celebrar, cantar, dançar. Ela chegou em casa.

E ninguém pode chegar em casa junto com a multidão. Só se pode chegar em casa sozinho.

OUÇA O SEU "SENSO INTERIOR"

Um menino ficava coçando o tempo todo a cabeça. O pai olhou para ele um dia e disse:
– Filho, por que você está sempre coçando a cabeça?
– Bom – o garoto respondeu. – Acho que é porque sou o único que sabe que ela está coçando.

Isso é senso interior! Só você sabe. Ninguém mais pode saber. Não pode ser visto de fora. Quando você tem uma dor de cabeça, só você sabe – não pode prová-la a ninguém. Quando está feliz, só você sabe – não pode provar isso a ninguém. Não pode colocar sua felicidade sobre a mesa para que possa ser inspecionada por todo mundo, dissecada, analisada.

Na verdade, o senso interior é tão interior que você sequer pode provar que ele existe. É por isso que a ciência continua a negá-lo, embora a negação aqui tenha um caráter inumano. Até o cientista sabe que, quando sente amor, ele tem um sentimento interior. *Existe* algo ali! Não é uma coisa, e também não é um objeto, e não é possível colocá-lo diante dos outros – e mesmo assim ele *existe*.

O senso interior tem a sua própria validade. Mas, devido ao treinamento científico, as pessoas perderam a confiança nele. Elas passaram a depender dos outros. Você depende tanto das outras pessoas que, se alguém disser que você parece feliz, você começará a se sentir feliz. Se vin-

Para ser um indivíduo, é preciso o mais destemido dos treinamentos: "Não importa que o mundo inteiro esteja contra mim. O que importa é que a minha experiência é válida."

te pessoas decidirem fazer com que você seja infeliz, elas conseguirão. Só têm que repetir isso o dia todo – sempre que cruzarem com você, têm de dizer, "Nossa, você parece tão infeliz, tão triste! O que foi? Alguém morreu ou algo assim?" E você começará a suspeitar: "Tantas pessoas dizendo que estou infeliz... então devo estar."

Você depende da opinião dos outros e depende há tanto tempo que perdeu de vista o seu senso interior. Esse senso interior tem que ser redescoberto, porque tudo o que é bonito, tudo o que é bom, tudo o que é divino só pode ser percebido pelo senso interior.

Pare de ser influenciado pela opinião dos outros. Em vez disso, comece a olhar para dentro... deixe que o seu senso interior diga as coisas para você. Confie nele. Se confiar nele, ele crescerá. Se confiar nele, você o estará alimentando, ele ficará mais forte.

Vivekananda foi ver Ramakrishna e lhe disse:

– Não existe Deus nenhum! Posso provar – não existe Deus nenhum.

Ele era um homem muito lógico, cético e conhecedor do pensamento filosófico ocidental. Ramakrishna, que era uma pessoa pouco instruída, iletrada, disse-lhe então:

– Tudo bem, então prove!

Vivekananda falou muito, deu todas as provas que tinha. Ramakrishna ouviu e depois disse:

– Mas meu senso interior diz que Deus existe – e esse meu senso é a autoridade final. Tudo o que você está me dizendo é mera argumentação. O que diz o seu senso interior?

Vivekananda nem tinha pensado nisso. Deu de ombros. Tinha lido livros, reunido argumentos, provas a favor e contra, e tentado decidir, de acordo com essas provas, se Deus existia ou não. Mas ele não tinha se voltado para dentro de si mesmo. Não tinha perguntado ao seu senso interior.

Isso é uma grande idiotice, mas a mente cética *é* idiota, a mente lógica é idiota.

— Seus argumentos são esplêndidos, gostei deles — disse Ramakrishna. — Mas o que posso fazer? Eu *sei*! Meu senso interior diz que Deus existe. Assim como me diz se estou feliz, se estou doente, se estou triste, se a minha barriga dói, que hoje não estou me sentindo bem, da mesma forma ele diz que Deus existe. Não há o que discutir.

— Não posso provar isso — continuou Ramakrishna —, mas se quiser eu posso mostrar a você.

Ninguém nunca dissera a Vivekananda que Deus podia ser mostrado. E, antes que ele dissesse qualquer coisa, Ramakrishna pulou — como um selvagem — e colocou o pé sobre o peito de Vivekananda! E algo aconteceu, uma energia surgiu e Vivekananda caiu em transe por três horas. Quando abriu os olhos, ele era um homem totalmente diferente.

— O que me diz agora? — perguntou Ramakrishna. — Deus existe ou não existe? O que lhe diz o seu senso interior?

Vivekananda sentia uma tranquilidade, uma quietude que nunca sentira antes. Sentia tamanho júbilo dentro dele, um bem-estar tão grande, tão transbordante... que ele teve de se abaixar, tocar os pés de Ramakrishna e dizer:

— Sim, Deus existe.

Deus não é uma pessoa, mas a sensação máxima de bem-estar, a sensação máxima de estar em casa, a sensação máxima de que "Eu pertenço a este mundo e este mundo me pertence. Eu não sou um estrangeiro aqui, não sou um estranho". A sensação máxima — existencial — de que "Esse todo e eu não estamos separados". Essa experiência é Deus. Mas ela só é possível se você deixar seu senso interior entrar em ação.

Comece a fazer isso desde já! Dê a ele todas as oportunidades possíveis. Não fique sempre atrás de autoridades exteriores e nem procure a opinião dos outros. Seja um pouco mais independente. Sinta mais, pense menos.

Vá e olhe uma rosa, e não repita simplesmente como um papagaio, "Que linda!" Isso pode ser só uma opinião, algo que disseram a você, que você ouve desde a infância. "A rosa é linda, é uma flor maravilhosa." Portanto, quando você olha uma rosa, você apenas repete como um computador, "Que linda". Mas você está mesmo sentindo isso? Trata-se mesmo de um sentimento interior? Se não se trata, então pare de dizer isso.

Ao olhar a Lua, não diga que ela é linda – a menos que isso esteja de acordo com o seu senso interior. Você ficará surpreso ao perceber que 99% das coisas que tem na cabeça não partiram de você, mas dos outros. E além desses 99% de puro lixo inútil, o 1% que corresponde ao seu senso interior se perdeu. Deixe de lado a cultura. Reconheça o valor do seu senso interior.

É por meio dele que se conhece Deus.

São seis os sentidos. Cinco são exteriores; eles lhe dão informações sobre o mundo. Os olhos fornecem dados sobre a luz; sem os olhos você não conheceria a luz. Os ouvidos fornecem dados sobre o som; sem os ouvidos você não saberia nada sobre o som. Existe um sexto sentido, o sentido interior, que mostra e fornece dados sobre você mesmo e sobre a fonte última de todas as coisas. Esse sentido tem de ser descoberto.

A meditação nada mais é do que a descoberta do senso interior.

> Deus não é uma pessoa, mas a sensação máxima de bem-estar, a sensação máxima de estar em casa, a sensação máxima de que "Eu pertenço a este mundo e este mundo me pertence. Eu não sou um estrangeiro aqui, não sou um estranho".

O MAIOR MEDO QUE EXISTE NESTE MUNDO É O DA OPINIÃO DOS OUTROS. E, no momento em que passa a não temer o grupo a que pertence, você deixa de ser uma ovelha, você vira um leão. Um grande rugido se avoluma no seu coração, o rugido da liberdade.

Buda de fato já o chamou de o rugido do leão. Quando o homem chega num estado de absoluto silêncio interior, ele ruge como um leão. Pela primeira vez, ele sabe que a liberdade provém do fato de não ter mais medo da opinião de ninguém. O que as pessoas dizem não importa. Se eles o consideram um santo ou um pecador é irrelevante; seu único juiz é Deus. E para Deus uma pessoa nunca é ruim. Deus significa simplesmente todo o universo.

Não é uma questão de ter de encarar uma pessoa; você tem que encarar as árvores, os rios, as montanhas, as estrelas – o universo inteiro. E esse é o nosso universo, fazemos parte dele. Não é preciso ter medo dele, nem lhe esconder nada. O todo já sabe de tudo, o todo sabe mais sobre você do que você mesmo.

E a questão seguinte é até mais importante: Deus já julgou. Não se trata de algo que vai acontecer no futuro; isso já aconteceu: ele já julgou. Portanto, até o medo do julgamento perde o sentido. Não é uma questão de esperar o Dia do Juízo Final. Você não precisa tremer. O dia do julgamento já aconteceu no primeiro dia; no momento em que criou você, ele já o julgou. Ele conhece você, você é criação dele. Se algo saiu errado com você, é responsabilidade dele, não sua. Se você se perder, ele é o responsável, não você. Como você poderia ser o responsável? – você

E esse é o nosso universo, fazemos parte dele. Não é preciso ter medo dele, nem lhe esconder nada. O todo já sabe de tudo, o todo sabe mais sobre você do que você mesmo.

não é criação sua. Se você pinta um quadro e algo sai errado, não pode dizer que o quadro é a causa do erro – o pintor é a causa.

Portanto, não há necessidade de temer o seu grupo ou algum Deus imaginário lhe perguntando, no final dos tempos, o que você fez ou deixou de fazer. Ele já o julgou – isso é realmente significativo – isso já aconteceu, portanto, você está livre. E, no momento em que a pessoa sabe que está totalmente livre para ser ela mesma, a vida começa a adquirir um certo dinamismo.

O medo cria grilhões, a liberdade dá asas.

LIBERDADE DE, LIBERDADE PARA

Nunca pense em termos de estar livre *de*; sempre pense em termos de estar livre *para*. E a diferença é enorme, absolutamente enorme. Pense sempre em *para*. Seja livre para Deus, seja livre para a verdade, mas não pense em querer se ver livre das pessoas, da Igreja; livrar-se disso e daquilo. Talvez você consiga ir embora para longe um dia, mas nunca estará livre, nunca. Será um tipo de repressão.

Por que você tem tanto medo das pessoas?... Se elas têm influência sobre você, então esse medo só mostra essa influência, essa atração. Aonde quer que você vá, continuará sendo dominado por elas.

Só estou dizendo para que você olhe os fatos – que não existe necessidade nenhuma de você pensar nas pessoas. Pense só em seu próprio ser. Você pode deixar as pessoas de lado agora mesmo. Não vai conseguir se libertar enquanto lutar. Você pode deixá-las de lado porque não há razão para lutar.

As outras pessoas não são o problema – você é o problema. As pessoas não estão influenciando você – você está sendo influenciado, não por outra pessoa, mas por seu próprio condicionamento inconsciente.

Sempre se lembre de não jogar a responsabilidade de alguma coisa sobre outra pessoa, caso contrário, você nunca ficará livre disso. Lá no fundo a responsabilidade é sua. Por que ser tão contra os outros? Coitados! Por que você deveria ser tão contra eles? Por que você carrega consigo essa ferida?

As pessoas não podem fazer nada sem a sua cooperação. Portanto, a questão é a sua cooperação. Você pode deixar de cooperar agora mesmo, num piscar de olhos. Mas, se fizer algum esforço para conseguir isso, então você estará encrencado. Portanto, faça instantaneamente. É algo que você fará por impulso, será um entendimento espontâneo, se entender que, se brigar, será uma batalha perdida. A própria batalha fará com que você acabe dando mais importância aos outros.

Isso é o que acontece com milhões de pessoas. O sujeito quer fugir das mulheres – na Índia, os homens têm feito isso há séculos. Então eles ficam cada vez mais obcecados por isso. Querem se livrar do sexo e a mente toda fica sexual; eles pensam só em sexo e nada mais. Eles jejuam, não dormem, fazem esse e aquele *pranayama*, yoga e milhares de outras coisas – tudo bobagem. Quanto mais lutam contra o sexo, mais o reforçam, mais se concentram nele. Ele fica tão importante, que ganha proporções absurdas.

> As pessoas não estão influenciando você – você está sendo influenciado, não por outra pessoa, mas por seu próprio condicionamento inconsciente.

Foi isso que aconteceu nos mosteiros cristãos. Eles foram reprimidos, amedrontados. O mesmo pode acontecer com você, se tiver muito medo das pessoas. Elas não podem fazer nada a não ser que você coopere, portanto, é para isso que você tem de estar alerta. Não coopere!

Observei o seguinte: o que quer que aconteça a você, você é o responsável. Ninguém está fazendo isso com você. Você quis que isso fosse feito, então foi feito. Os outros o exploram porque você quer ser explorado. Os outros o põe na prisão porque você quis ser aprisionado. Tem de haver uma certa busca nesse sentido. Talvez você dê a isso o nome de segurança. Os nomes podem ser diferentes, seus rótulos podem ser diferentes, mas você desejou ardentemente ser aprisionado, porque, na prisão, a pessoa está segura e não existe insegurança.

Mas não brigue com os muros da prisão. Olhe para dentro de si mesmo. Descubra aquele desejo ardente pela prisão e como as pessoas (o mundo) podem manipular você. Você deve estar querendo algo delas – reconhecimento, honra, consideração, respeitabilidade. Se pedir isso a elas, terá que pagar por isso. Então elas dirão, "Tudo bem, nós lhe damos respeito, e você nos dá sua liberdade". É uma simples barganha. Mas as pessoas nunca fizeram nada a você – no geral, quem fez foi você mesmo. Portanto, pare de fazer mal a si mesmo!

ENCONTRE A SUA FACE ORIGINAL

Seja apenas quem você é e não dê a mínima para o mundo. Então você sentirá um imenso sossego e uma profunda paz no coração. Isso é o que os zen-budistas chamam de "face original" – sossegada, sem tensão, sem pretensão, sem hipocrisia, sem as assim chamadas disciplinas acerca de como deve se comportar.

E, lembre-se, a face original é uma belíssima expressão poética, mas não significa que você terá um rosto diferente. Essa mesma face que você tem se livrará de toda tensão, ficará descontraída, não julgará ninguém nem coisa alguma, não achará que ninguém é inferior. Essa mesma face, sob esses novos valores, será sua face original.

Existe um velho provérbio que diz: O herói é muitas vezes um homem que não teve coragem de ser covarde.

Se você é covarde, o que há de errado nisso? Você é covarde – tudo bem. Os covardes são sempre necessários, do contrário, de onde viriam os heróis? Eles são absolutamente necessários para oferecer uma retaguarda para se criar heróis.

Seja só você mesmo, não importa o que isso signifique.

O problema é que nunca antes falaram para ser apenas você mesmo. Todo mundo está metendo o nariz, dizendo que você tem de ser assim ou assado – mesmo nas questões mais corriqueiras.

Observei o seguinte: o que quer que aconteça a você, você é o responsável. Ninguém está fazendo isso com você. Você quis que isso fosse feito, então foi feito.

Na minha escola... eu era só um garotinho, mas odiava que me dissessem como eu deveria ser. As professoras começaram a fazer chantagens:

– Se se comportar direito, você será um gênio.

– Que se dane o gênio – eu dizia –, quero ser simplesmente eu mesmo.

Eu costumava sentar com os pés sobre a carteira, e os professores ficavam indignados.

– Mas que jeito de se comportar! – eles diziam.

– A mesa não está reclamando – retrucava eu. – Isso é um assunto entre eu e ela, por que você está tão zangado? Não estou colocando os pés na sua cabeça, estou? Basta que você relaxe como eu. É desse jeito que consigo entender melhor essa baboseira que você está ensinando.

Num dos lados da sala, havia uma linda janela por onde se via árvores, passarinhos e cucos. Eu ficava a maior parte do tempo olhando pela janela, e a professora vinha e dizia:

— Para que você vem à escola, afinal?

— Porque na minha casa não há uma janela como essa, que se abre para o céu — eu respondia. — E perto da minha casa não há cucos, passarinho nenhum. Minha casa fica na cidade, cercada por outras casas, tão apertada que os pássaros não conseguem chegar ali, os cucos não acham que merecemos ser abençoados com suas canções.

— Esqueça a idéia de que eu vim aqui para ouvir você! Eu estou pagando e você é só uma simples funcionária, lembre-se disso. Se eu não passar de ano, não vou reclamar com você; se não passar de ano, não ficarei triste. Mas, se o ano todo eu tiver que fingir que estou ouvindo você, quando na verdade estou ouvindo os cucos lá fora, isso será o começo de uma vida hipócrita. E eu não quero ser hipócrita.

Os professores sempre querem que você faça tudo de um certo jeito. Na minha escola antigamente, e talvez até hoje, era obrigatório usar boné. Eu não tinha nada contra bonés; desde que deixei a universidade comecei a usar bonés, mas nunca usei um antes disso. O primeiro professor que se aborreceu comigo me disse:

— Você está contrariando a disciplina da escola. Onde está seu boné?

— Traga as regras de comportamento da escola — eu disse. — Há alguma menção de que todos os alunos são obrigados a usar boné? Porque, se não há, você está impondo uma coisa que vai contra as regras da escola.

Ele me levou para o diretor da escola e eu disse a ele:

— Eu obedeço; só me mostre onde está escrito que tenho de usar boné. Se for obrigado, posso até ir embora da escola, mas primeiro mostre-me onde isso está escrito.

Essa regra não estava escrita em lugar nenhum. Então eu disse:

— Você pode me apresentar, então, outros argumentos razoáveis para que eu use boné? Ele prolongará a minha vida? Fará com que eu tenha uma saúde melhor, tenha mais conhecimento? — E continuei —

Até onde eu sei, Bengali é a única província da Índia em que não se usam bonés e é também a parte mais inteligente do país. Punjab é o oposto. Ali, em vez de boné, as pessoas usam turbantes – turbantes enormes, como se a inteligência delas estivesse escapando e tentassem segurá-la na cabeça. E é a parte menos inteligente do país.

– O que você diz parece que faz sentido – disse o diretor –, mas trata-se de uma norma da escola. Se você parar de usar boné, os outros farão o mesmo.

– Então, qual é o medo? Simplesmente deixe de lado toda essa convenção – respondi.

Ninguém queria deixar que você fosse você mesmo em questões absolutamente sem importância.

Eu costumava usar cabelo comprido na infância. E também costumava entrar e sair da loja de meu pai, porque a loja e a minha casa eram ligadas. A casa ficava atrás da loja e não havia outro jeito a não ser atravessá-la. As pessoas perguntavam, "Quem é aquela garota?" – por causa do meu cabelo comprido. Elas não imaginavam que um menino pudesse ter um cabelo tão comprido.

Meu pai ficava embaraçado e com muita vergonha ao dizer, "Ele é um menino".

– Mas – ele implicava ao me ver –, para que todo esse cabelo?

Um dia – isso não era próprio dele – meu pai ficou tão embaraçado e zangado que me pegou e cortou ele mesmo o meu cabelo. Pegou a tesoura que usava para cortar tecido na loja e cortou o meu cabelo. Eu não disse nada – e ele ficou surpreso. Então disse:

– Você não tem nada a dizer?

– Direi à minha própria maneira – respondi.

– Como assim?

– Você verá.

Fui então ao barbeiro, viciado em ópio, que havia bem em frente da nossa casa. Ele era o único homem por quem eu tinha respeito. Havia várias barbearias, mas eu gostava daquele velho. Ele era uma variedade rara, e gostava de mim; costumávamos conversar durante horas.

Então fui até lá e disse a ele:

— Raspe a minha cabeça.

Na Índia, as pessoas só raspam a cabeça toda quando o pai morre. Por um momento, até aquele homem viciado em ópio recobrou o juízo.

— O que aconteceu? – perguntou. – Seu pai morreu?

— Não me aborreça com perguntas – respondi. – Faça o que estou dizendo; não é da sua conta! Simplesmente corte todo o meu cabelo, raspe tudo.

— Está certo. Não é da minha conta. Se ele morreu, morreu.

Ele raspou a minha cabeça e eu fui para casa. Atravessei a loja. Meu pai olhou para mim e todos os clientes fizeram o mesmo.

— O que aconteceu? – perguntaram. – Quem é esse menino? O pai dele morreu?

— Ele é meu filho e eu estou bem vivo! – respondeu meu pai. – Mas eu sabia que ele ia fazer alguma coisa. Deu-me uma boa resposta.

Aonde quer que eu fosse as pessoas perguntavam:

— O que aconteceu? Seu pai estava tão bem!

E eu dizia:

— As pessoas morrem com qualquer idade. Você está preocupado com ele, não está preocupado com os meus cabelos.

Essa foi a última coisa que meu pai me fez, porque ele sabia que a resposta poderia ser mais perigosa! Eu disse a ele:

— Você é que começou. Por que ficar tão embaraçado? Você poderia dizer, "Ela é minha filha". Eu não teria nenhuma objeção contra isso. Mas você não deveria ter interferido no meu jeito de ser. Foi violento, bárbaro. Em vez de falar comigo, você simplesmente começou a cortar o meu cabelo.

Ninguém deixa que alguém simplesmente seja quem é. E você aprendeu todas essas idéias tão profundamente que parecem que são suas. Simplesmente relaxe. Esqueça todos os condicionamentos, jogue-os fora como as folhas secas que caem das árvores. É melhor ser uma árvore sem folhas do que ter folhas de plástico, galhos de plásticos, flores de plástico; é tão feio.

A face original significa simplesmente que você não está sendo dominado por nenhum tipo de moralismo, religião, sociedade, parente, professor, padre, nem por ninguém. Viva simplesmente a sua vida de acordo com o seu senso interior – você tem sensibilidade – e terá a face original.

O PRAZER DE VIVER PERIGOSAMENTE

Os corajosos, estes avançam impetuosamente. Vão em busca de qualquer oportunidade de perigo. A filosofia de vida deles não é a das companhias de seguros. É a do montanhista, do surfista, do praticante de "paraglider". E não é só em mar aberto que eles surfam; surfam também nos mares interiores. E não é só exteriormente que escalam Alpes e Himalaias; eles estão em busca de picos interiores.

Viver perigosamente significa viver. Se não vive perigosamente, você não vive. A vida só floresce diante do perigo. Ela não floresce na segurança; só floresce na insegurança.

Se você começar a se sentir seguro, vira um lago estagnado. Sua energia pára de circular. Então você fica com medo...porque nunca se sabe como enfrentar o desconhecido. E por que se arriscar? O conhecido é mais seguro. Então você fica obcecado com o que é conhecido. Começa a se chatear com ele, fica cansado, depois se sente infeliz, mas ele ainda parece conhecido e confortável. Pelo menos você o conhece. O desconhecido faz você tremer por dentro. Só a idéia do desconhecido já faz com que você comece a se sentir inseguro.

Existem apenas dois tipos de pessoas neste mundo. Aquelas que querem viver confortavelmente – essas estão em busca da morte, querem um túmulo confortável. E aquelas que querem viver – optaram por viver perigosamente, porque a vida só prospera quando existe risco.

Você já escalou uma montanha? Quanto mais alto você sobe, mais revigorado, mais jovem se sente. Quanto maior o perigo de cair, quanto maior o abismo ao seu lado, mais vivo você se sente...entre a vida e a morte, quando você está simplesmente suspenso entre a vida e a morte. Nesse momento não existe tédio, não existem resquícios do passado, nenhum desejo com relação ao futuro. O momento presente é brilhante como uma chama. Ele é suficiente – você vive no aqui e agora.

Ou surfando ou esquiando ou praticando *paraglider* – sempre existe um risco de perder a vida, existe um prazer tremendo porque o risco de perder a vida faz com que você se sinta absolutamente vivo. Por isso as pessoas se sentem atraídas pelos esportes perigosos.

As pessoas vão escalar montanhas... Alguém perguntou para Edmund Hillary por que ele tentou escalar o Everest. Por quê? E Hillary respondeu:

– Porque ele está ali – um desafio constante.

Era arriscado, muitas pessoas já tinham morrido. Por quase sessenta, setenta anos, os grupos o tinham escalado – e era quase uma morte certa, mas mesmo assim as pessoas continuavam indo. O que as atraía?

Ao subir cada vez mais alto, distanciando-se cada vez mais da vida rotineira, sossegada, você volta a ficar selvagem, volta a fazer parte do mundo animal. Você passa a viver novamente como um tigre ou leão, ou como um rio. Volta a pairar como um pássaro no céu, cada vez mais longe. E, a cada instante que passa, a segurança, a conta no banco, a esposa, o marido, a família, a sociedade, a igreja, a respeitabilidade – tudo isso vai desvanecendo, ficando cada vez mais distante. Você fica sozinho.

É por isso que as pessoas se interessam tanto pelos esportes. Mas isso também não é um perigo real, porque você pode ficar muito, muito habilidoso. Pode aprender esse esporte, pode treinar para isso. Trata-se de um risco muito calculado – se permitirem a expressão, trata-se de um risco calculado. Você pode treinar para fazer montanhismo e tomar todas as precauções. Ou dirigir em alta velocidade – você pode chegar a 160 km/h e isso é perigoso, é emocionante. Mas você pode ser muito bom nisso e o perigo se limita àqueles que não conhecem a coisa; para você não é mais perigoso. Mesmo que haja algum risco, ele é mínimo. E esses riscos são apenas físicos, só o corpo é afetado.

Quando eu digo a você para viver perigosamente, não me refiro só ao risco físico, mas também ao risco psicológico, e finalmente ao espiritual. A religiosidade é um risco espiritual. É atingir alturas de onde não se pode voltar. É isso que significa o termo búdico *anagamin* – aquele que não volta mais. É chegar a tal altura, a tal ponto, que não existe mais volta... então se está simplesmente perdido. Não se volta mais.

Quando digo para viver perigosamente, significa não viver a vida de respeitabilidade comum – ser prefeito de uma cidade ou membro de uma corporação. Isso não é vida. Ou você é um ministro, ou tem uma boa profissão, ganha bem, seu dinheiro continua se acumulando no banco e tudo vai perfeitamente bem. Quando tudo vai perfeitamente bem, simplesmente veja o que acontece – você está morrendo e nada está acontecendo de verdade. As pessoas podem respeitar você e, quando você morre, um grande cortejo seguirá o seu caixão. Meu Deus, isso é tudo, os jornais publicarão fotos suas, farão editoriais e então as pessoas se esquecerão de você. E você terá vivido toda a sua vida só por causa disso?

Perceba – pode-se perder a vida inteira só por causa de coisas mundanas, comuns. Ser espiritual significa entender que não se deve dar tanta importância a essas pequenas coisas. Não estou dizendo que elas não tenham nenhum sentido, estou dizendo que elas têm sentido, mas não tanto quanto se pensa.

O dinheiro é necessário. É uma necessidade. Mas ele não é o objetivo nem pode sê-lo. Precisamos de uma casa, sem dúvida. É uma necessidade. Eu não sou um asceta e não quero que você destrua a sua casa e fuja para o Himalaia. A casa é necessária – mas é necessária para você. Não faça confusão quanto a isso.

Quando olho as pessoas, percebo que a coisa toda está de cabeça para baixo. Elas vivem como se precisassem da casa. Vão trabalhar por causa da casa. Como se elas precisassem do saldo bancário – elas continuam simplesmente acumulando dinheiro e então morrem. E não chegaram nem a viver. Não tiveram nem por um único instante uma vida palpitante, arrebatadora. Elas foram aprisionadas pela segurança, pela familiaridade, pela respeitabilidade.

Então, se você fica entediado, é natural. As pessoas me procuram e dizem que estão muito entediadas. Estão enfastiadas, empacadas. O que fazer? Acham que basta repetir um mantra para que voltem a se sentir vivas. Não é tão fácil assim. Elas terão que mudar todo o seu padrão de vida.

> Eu não sou um asceta e não quero que você destrua a sua casa e fuja para o Himalaia. A casa é necessária – mas é necessária para você. Não faça confusão quanto a isso.

Ame, mas não pense que amanhã a mulher estará ali, à sua disposição. Não espere isso. Não reduza a mulher a uma esposa. Aí você estará vivendo perigosamente. Não reduza o homem a um marido, porque um marido é uma coisa muito feia. Deixe que o seu homem seja o seu homem e a sua mulher seja a sua mulher, e não torne previsível o seu dia de amanhã. Não espere nada e esteja pronto para tudo. Isso é o que eu chamo de viver perigosamente.

> Ame, mas não pense que amanhã a mulher estará ali, à sua disposição. Não espere isso. Não reduza a mulher a uma esposa. Aí você estará vivendo perigosamente.

O que nós fazemos? Nos apaixonamos por uma mulher e imediatamente vamos ao cartório, ou à igreja, para nos casar. Não estou dizendo para não casar. Trata-se de uma formalidade. Tudo bem, satisfaça a sociedade, mas lá no fundo do coração nunca possua essa mulher. Não diga nem uma única vez "você me pertence". Pois como uma pessoa pode pertencer a você? E, quando você começa a tomar posse de uma mulher, ela começa a tomar posse de você. Então logo vocês já não estarão apaixonados. Estão atormentando e matando um ao outro, paralisando um ao outro.

Ame, mas não deixe que seu amor se degrade no casamento. Trabalhe – o trabalho é necessário –, mas não deixe que o trabalho se torne a sua vida. A diversão deve continuar sendo parte da sua vida, uma parte central. O trabalho deve ser só um meio de se divertir. Trabalhe num escritório, trabalhe numa fábrica, trabalhe numa loja, mas só para ter tempo, oportunidade, de se divertir.

Não deixe que a sua vida se reduza apenas à sua rotina de trabalho – porque o objetivo da vida é se divertir!

Divertir-se significa fazer algo só pelo prazer que isso lhe dá. Se você desfrutar muitas outras coisas só por prazer, você se sentirá muito mais vivo. Sua vida, é claro, estará sempre em risco, em perigo. Mas é assim que a vida tem de ser. O risco faz parte dela. Na verdade, a melhor parte da vida é o risco. A parte mais bela da vida é o risco. É cada momento de risco. Você pode não estar consciente... Você inspira, expira, há um risco. Até expirando – quem sabe se você vai conseguir encher os pulmões de ar outra vez? Não dá para ter certeza, nada garante.

Mas existem algumas pessoas cuja religião é a segurança. Mesmo quando elas falam de Deus, falam dele como se fosse a segurança suprema. Se pensam em Deus, fazem isso só porque sentem medo. Se vão rezar ou meditar, isso é só para não cair na "lista negra", na lista negra de Deus: "Se existe um Deus, ele sabe que eu vou à igreja regularmente, que eu sou um devoto dedicado. Posso provar isso." Até a prece dessas pessoas é só um meio de pedir algo.

Viver perigosamente significa viver a vida como se cada momento fosse o último. Cada momento tem o seu próprio valor intrínseco, e você não tem medo. Sabe que a morte está ali e aceita esse fato, sem tentar se esconder dela. Na realidade, você vai ao encontro dela. Você aprecia esses momentos de encontro com a morte — encontro físico, psicológico, espiritual.

Apreciar esses momentos em que entra em contato direto com a morte — em que a morte se torna quase uma realidade — é o que eu quero dizer quando falo para viver perigosamente.

Os corajosos, estes avançam impetuosamente. Vão em busca de toda oportunidade de perigo. A filosofia de vida deles não é a das companhias de seguros. É a do montanhista, do surfista, do praticante de *paraglider*. E não é só em mar aberto que eles surfam; surfam também nos mares interiores. E não é só exteriormente que escalam Alpes e Himalaias; eles estão em busca de picos interiores.

Mas lembre-se de uma coisa: nunca se esqueça da arte de correr riscos — nunca, nunca. Seja sempre capaz de se arriscar. Onde quer que ache uma oportunidade de se arriscar, nunca deixe de aproveitá-la, e assim você nunca será um perdedor. O risco é a única garantia que você tem de ficar realmente vivo.

O QUE QUER QUE VOCÊ FAÇA, A VIDA É UM MISTÉRIO

A mente tem certa dificuldade para aceitar a idéia de que existe algo que não seja explicável. A mente tem um anseio urgente de que tudo seja explicado... se não explicado, pelo menos justificado! Qualquer coisa que seja um enigma, um paradoxo, deixará a mente atormentada.

Toda a história da filosofia, da religião, da ciência, da matemática, tem a mesma raiz, a mesma mente – o mesmo comichão. Você pode se coçar de uma maneira, outra pessoa de outra, mas o comichão tem de ser entendido. O comichão é a crença de que a existência não é um mistério. A mente só consegue se sentir em casa se a existência for de alguma forma desmistificada.

A religião fez isso criando Deus, o Espírito Santo, o Filho Bem Amado; cada religião criou uma coisa diferente. Essa é a maneira que encontraram para tapar o buraco que não é possível tapar; o que quer que você faça, o buraco estará lá. O seu esforço para tapá-lo mostra o medo que você tem de que alguém vá ver o buraco.

Toda a história da mente, em suas diferentes ramificações, tem sido fazer uma colcha de retalhos para esconder esse buraco – principalmente na matemática, porque a matemática é puramente um jogo mental. Existem matemáticos que não concordam com isso, assim como existem teólogos que acham que Deus é uma realidade. Deus é só uma idéia. E, se os cavalos tivessem idéias, Deus seria um cavalo. Você pode ter certeza absoluta de que ele não seria um homem, porque o homem tem sido tão cruel com os cavalos que ele só pode ser concebido como um demônio, não como Deus. Mas então todo animal teria uma idéia própria do que seria Deus, assim como cada raça humana tem a sua própria idéia de Deus.

As idéias servem como substitutos quando a vida é um mistério e você encontra lacunas que não podem ser preenchidas pela realidade.

Você preenche essas lacunas com idéias; e pelo menos começa a sentir satisfação pelo fato de a vida poder ser entendida.

Você já parou para pensar na palavra *entender**? Significa ficar abaixo de você. É estranho que essa palavra tenha pouco a pouco adquirido um significado tão distante da idéia original: qualquer coisa que você possa pôr abaixo de você, que esteja sob os seus pés, sob o seu poder, sob o seu sapato, é algo com relação ao qual você pode se considerar mestre.

As pessoas têm tentado entender a vida dessa mesma maneira, de modo que possam colocá-las sob os pés e declarar: "Somos os mestres, agora já não há nada que não possamos entender."

Mas isso é impossível. O que quer que você faça, a vida é um mistério e vai continuar sendo um mistério.

EM TODO LUGAR, EXISTE ALGO QUE ESTÁ ALÉM. Estamos cercados pelo além. Esse além é Deus; esse além tem de ser desbravado. Ele está dentro, está fora; está sempre ali. E, se você se esquecer disso... como costumamos fazer, porque é muito desconfortável, inconveniente, olhar além. É como se estivéssemos olhando para dentro de um abismo e começássemos a tremer, a sentir vertigem. A própria consciência do abismo faz com que você comece a

As idéias servem como substitutos quando a vida é um mistério e você encontra lacunas que não podem ser preenchidas pela realidade. Você preenche essas lacunas com idéias; e pelo menos começa a sentir satisfação pelo fato de a vida poder ser entendida.

---

* Em inglês, *understand* (*under*, sob, embaixo + *stand*, ficar). (N. T.)

tremer. Ninguém olha no fundo de um abismo; seguimos caminho mantendo os olhos em outra direção; seguimos caminho evitando o real. O real *é* como um abismo, porque o real é um grande vazio. É um céu imenso sem fronteiras. Buda disse: *Durangama* – esteja pronto para ir além. Nunca fique confinado por fronteiras; ultrapasse-as sempre. Estabeleça fronteiras se precisar delas, mas lembre-se sempre de que você tem de cruzá-las. Nunca crie prisões.

Nós criamos muitos tipos de prisão: relacionamentos, crenças, religião – tudo isso é prisão. Sentimos aconchego porque não há ventos fortes soprando. Sentimo-nos protegidos – embora essa proteção seja falsa, pois a morte virá e nos levará para o além. Antes que a morte venha e leve você para o além, siga para lá por conta própria.

Uma história:

Um monge zen estava à beira da morte. Era muito velho, tinha noventa anos. De repente, ele abriu os olhos e disse:

– Onde estão os meus sapatos?

– Aonde o senhor vai? – perguntou o discípulo. – Ficou louco? O senhor está morrendo e o médico disse que não há mais nenhuma possibilidade de salvá-lo; só restam uns poucos minutos.

– É por isso que estou procurando os meus sapatos – respondeu o monge. – Eu gostaria de ir ao cemitério porque não quero ser levado para lá. Irei andando com minhas próprias pernas e lá encontrarei a morte. Não quero ser levado. E você me conhece – eu nunca me apoiei em ninguém. Será uma cena muito feia, quatro pessoas me carregando. Não.

O monge andou até o cemitério. Não só andou até lá como cavou sua própria cova, deitou-se nela e morreu. Que coragem de aceitar o desconhecido, que coragem de seguir por si mesmo e dar as boas-vindas ao além! Assim a morte é transformada; ela deixa de ser morte.

Um homem corajoso como esse nunca morre; a morte é derrotada. Um homem corajoso como esse transcende a morte. Para aquele que segue para o além com as próprias pernas, o além nunca é como a morte. Então o além passa a ser bem-vindo. Se você dá as boas-vindas ao além, ele também lhe dá as boas-vindas; o além sempre imita você.

A VIDA É SEMPRE AO AR LIVRE

O ego cerca você como um muro. Ele o convence de que, cercando você desse jeito, ele o protegerá. Essa é a sedução do ego. Ele não pára de lhe dizer. "Se eu não estiver lá, você vai ficar desprotegido, vai ficar muito vulnerável, e será muito arriscado. Portanto, deixe-me guardar você, deixe-me cercá-lo."

De fato o ego dá certa proteção, mas esse muro também faz de você um prisioneiro. Existe uma certa proteção, do contrário ninguém iria sofrer as misérias que o ego traz. Existe uma certa proteção, ele protege você do inimigo – mas protege você dos amigos também.

É exatamente como se você fechasse a porta e se escondesse atrás dela, com medo do inimigo. Então chega um amigo, mas a porta está fechada, ele não pode entrar. Se você tiver muito medo do inimigo, o amigo também não poderá chegar até você. E, se abrir a porta para ele, existe o risco de que o inimigo também entre.

É preciso pensar nisso profundamente; trata-se de um dos maiores problemas da vida. E só algumas poucas pessoas corajosas o enfrentam da forma correta; as outras se acovardam e se escondem, levando a perder toda a vida delas.

A vida é arriscada, a morte não oferece riscos. Morra e os problemas se acabarão para você e ninguém mais vai matá-lo, porque como é que alguém poderá matá-lo se você já está morto? Entre numa cova e ponha um fim na questão! Então não haverá mais doença, nem preocupação, nem problema – você estará livre de todos os **problemas**.

Mas, se você estiver vivo, então haverá um milhão de problemas. Quanto mais viva a pessoa estiver, mais problemas ela terá. Mas não há nada de errado nisso, porque lutar com os problemas, enfrentar desafios é a forma pela qual crescemos.

> Quanto mais viva a pessoa estiver, mais problemas ela terá. Mas não há nada de errado nisso, porque lutar com os problemas, enfrentar desafios é a forma pela qual crescemos.

O ego é um muro sutil em torno de você. Ele não deixa que ninguém o invada. Você se sente protegido, seguro, mas essa segurança é como a morte. É a segurança da planta dentro da semente. A planta tem medo de germinar porque, vai saber – o mundo é tão perigoso e a planta será tão delicada, tão frágil. Por trás dos muros da semente, escondida dentro da cela, tudo é protegido.

Ou pense numa criancinha no útero da mãe. Tudo está ali, qualquer coisa de que a criança precise é imediatamente providenciado. Não existe preocupação, luta ou futuro. A criança simplesmente vive sua bem-aventurança. Todas as necessidades são preenchidas pela mãe.

Mas você gostaria de ficar a vida toda no útero da sua mãe? É um lugar bem protegido. Se lhe fosse dada a chance, você optaria por ficar ali para sempre? É muito confortável; o que poderia ser mais confortável do que isso? Os cientistas dizem que ainda não fomos capazes de criar uma situação mais confortável do que o útero materno. O útero parece ser o máximo em conforto. Tão confortável – sem preocupação, sem problemas, sem precisar trabalhar. Uma vida simples. E tudo é fornecido automaticamente – surge a necessidade e na mesma hora ela é atendida. Não há sequer o incômodo de respirar – a mãe respira pela criança. Não é preciso se incomodar com comida – a mãe se alimenta pela criança.

Mas você gostaria de ficar para sempre no útero materno? É confortável, mas não é vida. A vida é sempre ao ar livre. A vida é lá fora.

A palavra *êxtase* é muito significativa. Significa ficar fora. Êxtase significa sair – sair de todas as conchas e de todas as proteções e de todos os egos e de todos os confortos, de todos os muros que se assemelhem à morte. Estar em êxtase significa sair, ficar livre, estar em movimento, ser um processo, ser vulnerável a ponto de os ventos poderem vir e passar por você.

Em inglês, existe uma expressão; às vezes se diz, *"That experience was outstanding"*.* É esse exatamente o significado de êxtase: *outstanding*, literalmente, "estar fora".

Quando a semente germina e a luz escondida ali dentro começa a se manifestar, quando uma criança nasce e deixa o útero, deixa todos os confortos e todas as conveniências, ela vai ao encontro do mundo desconhecido – é o êxtase. Quando o pássaro quebra o ovo e voa para o céu, é o êxtase.

O ego é o ovo, e você terá que sair dele. Seja extasiante! Deixe de lado todas as proteções, conchas e seguranças. Só então você alcançará o mundo mais amplo, a vastidão, o infinito. Só então você viverá, e viverá com abundância.

Mas o medo o deixa aleijado. A criança, antes de sair do útero, provavelmente também hesita em sair ou não do útero. Ser ou não ser? Ela dá um passo para a frente e outro para trás. Talvez por isso a mãe sinta tanta dor. A criança hesita, ela ainda não está totalmente pronta para ficar extasiada. O passado a puxa para trás, o futuro a impele para a frente, e a criança fica dividida.

Esse é o muro da indecisão, do apego ao passado, do apego ao ego. E você o carrega por todo lugar. Às vezes, em raros momentos, quando está muito vivo e alerta, você é capaz de perceber esse muro. Mas, na

---

* Aquela experiência foi excepcional. (N. T.)

maior parte do tempo, embora seja um muro bem transparente, você não consegue enxergá-lo. Pode-se viver a vida toda – e não apenas uma, mas muitas – sem tomar consciência de que se está vivendo dentro de uma cela, sem saída para lugar nenhum, sem janelas, o que Leibnitz costumava chamar de "mônada". Sem portas, sem janelas, só fechado ali dentro – embora se trate de um muro de vidro, transparente.

Esse ego tem de ser deixado para trás. É preciso reunir coragem e deixá-lo espatifar no chão. As pessoas continuam alimentando-o de mil formas diferentes, sem saber que estão criando um inferno particular.

A sra. Cochrane estava em pé ao lado do caixão do marido. O filho deles, ao lado dela. Parentes e amigos passavam, um a um, examinando o morto.

– Ele não sente mais dor agora – comentou a sra. Croy.

– Do que ele morreu?

– Pobre homem – disse a sra. Cochrane –, morreu de gonorréia!

Outra mulher fitou o corpo.

– Já está livre da doença agora. Há um sorriso sereno estampado no rosto dele. Do que morreu?

– Morreu de gonorréia! – repetiu a viúva.

De repente o filho puxou a mãe de lado:

– Mãe, não diga isso de papai. Ele não morreu de gonorréia. Morreu de diarréia!

– Sei disso! – retrucou a sra. Cochrane. – Mas prefiro que pensem que ele morreu como um homem de verdade, não como a porcaria que era!

Até o fim, as pessoas continuam a fazer joguinhos.

O ego não deixa que elas sejam verdadeiras; ele as obriga a serem falsas. O ego é o mentiroso, mas é a pessoa que tem de decidir. É preciso grande coragem porque, com ele, também será destruído tudo o que você tem acalentado até hoje. Todo o seu passado será aniquilado. Com ele, *você* será totalmente aniquilado. Haverá alguém ali, mas você não será essa pessoa. Uma entidade diferente emergirá de dentro de você – renovada, não-corrompida pelo passado. Então não haverá mais muro; independentemente do que você será, você poderá vislumbrar o infinito sem fronteiras.

O velho, ao entrar no seu botequim favorito, descobriu que a garçonete de sempre havia sido trocada por outra que ele não conhecia. Surpreendeu-se a princípio, mas depois disse galantemente à moça que há muito tempo ele não via uma garota tão atraente como ela.

A nova garçonete, um tipo meio arrogante, olhou-o com desdém e respondeu com aspereza:

– Sinto não poder dizer o mesmo.

– Ah, bem, minha cara – respondeu o velho placidamente – Você não poderia ter feito como eu? Ter simplesmente mentido?

Todas as formalidades dos seres humanos não fazem nada mais do que ajudar o ego uns dos outros. São *mentiras*. Você diz alguma coisa a alguém e essa pessoa retribui o comprimento. Nem você nem a outra pessoa são verdadeiros. Continuamos com joguinhos: etiqueta, formalidades, rostos e máscaras civilizadas.

Esse ego tem de ser deixado para trás. É preciso reunir coragem e deixá-lo espatifar no chão. As pessoas continuam alimentando-o de mil formas diferentes, sem saber que estão criando um inferno particular.

Então você terá de olhar para o muro. E, pouco a pouco, ele vai ficando tão espesso que você não vai mais conseguir ver nada. O muro vai ficando mais e mais espesso a cada dia – portanto, não espere. Se você começou a sentir que ergueu um muro em torno de si, derrube-o! Pule para fora! Basta que decida transpô-lo, nada mais. Então, a partir de amanhã, não o alimente mais. E, cada vez que perceber que o está cultivando, pare. Dentro de alguns dias, você verá que ele morreu, pois precisa do seu apoio constante, precisa ser alimentado em seu seio.

A CORAGEM MÁXIMA: SEM COMEÇO NEM FIM

Existem muitos medos, mas eles são basicamente facções do mesmo medo, galhos da mesma árvore. O nome da árvore é morte. Você pode não estar consciente de que esse medo diz respeito à morte, mas todo medo diz respeito à morte.

O medo é só uma sombra. Ele pode não ser aparente se você tem medo de ficar arruinado, mas, na verdade, você tem é medo de ficar sem dinheiro e mais vulnerável diante da morte. As pessoas continuam acumulando dinheiro como se ele fosse uma proteção, embora saibam perfeitamente bem que não existe um meio de se proteger da morte. Ainda assim, algo tem de ser feito. Pelo menos o dinheiro mantém você ocupado, e ficar ocupado é uma espécie de inconsciência, uma espécie de droga.

Por isso, assim como existem os viciados em álcool, existem os viciados em trabalho. Eles se mantêm o tempo todo envolvidos com o trabalho; não conseguem parar de trabalhar. Têm medo das férias; não conseguem se sentar em silêncio. Podem começar a ler o mesmo jornal que já leram três vezes pela manhã. Querem ficar ocupados com alguma coisa, porque isso faz com que corra uma cortina entre eles e a morte. Mas, reduzido à sua essência, o medo é da morte.

É importante perceber que todos os outros medos são apenas facções, pois, se você conhecer a raiz desse medo, poderá fazer algo a respeito. Se a morte é o medo básico e fundamental, então só existe uma coisa que pode fazer com que você perca o medo: a experiência interior de uma consciência imortal. Nada mais – nem o dinheiro, nem o poder, nem o prestígio – nada pode ser um seguro contra a morte, a não ser uma meditação profunda... que lhe revela que o corpo morrerá, a mente morrerá, mas que você está além da estrutura corpo e mente. Seu âmago, sua fonte de vida essencial surgiu antes de você e perdurará depois que você se for. A forma dessa fonte já mudou muitas vezes; já evoluiu, mudando de uma forma para outra. Mas nunca desapareceu, desde o começo – se é que existe um começo. E nunca desaparecerá, chegando ao fim – se é que existe algum fim...porque eu não acredito em nenhum fim ou começo.

A existência não tem começo nem fim. Ela sempre esteve aqui e você sempre esteve aqui. As formas podem ser diferentes; as formas têm sido diferentes mesmo nesta vida.

No dia em que entrou no útero da sua mãe, você não era maior do que uma cabeça de alfinete. Se lhe mostrarem uma fotografia sua, você não reconhecerá que aquele é você. E, na verdade, mesmo antes disso...

Duas pessoas conversavam a respeito da lembrança mais remota que tinham, do fato mais antigo que podiam lembrar. Uma delas conseguia se lembrar da infância, na época em que tinha aproximadamente três anos de idade. A outra disse:

– Isso não é nada. Eu me lembro do dia em que minha mãe e meu pai foram a um piquenique. Quando foram a esse piquenique, eu estava no meu pai. Quando voltaram do piquenique, eu estava na minha mãe!

Você reconheceria a si mesmo como era quando estava no seu pai? Podem lhe mostrar uma foto; ela pode ser ampliada de forma que você possa se ver com seus próprios olhos, mas você não se reconhecerá. No entanto, trata-se da mesma forma de vida, da mesma fonte vital que pulsa em você agora.

Você muda a cada dia. Quando tinha acabado de nascer, apenas com um dia de vida; isso você também não será capaz de lembrar. Você dirá, "Meu Deus, esse sou eu?" Tudo vai mudar; você vai ficar mais velho, a juventude ficará para trás. A infância se perdeu há muito e a morte chegará. Mas tudo isso acontecerá à forma, não à essência. Só o que vem mudando ao longo da vida é a sua forma.

Sua forma está mudando a cada momento. E a morte não é nada mais do que uma mudança, uma mudança vital, uma mudança um pouco maior, uma mudança mais rápida. Da infância à juventude... você não é capaz de lembrar quando a infância ficou para trás e você entrou na juventude. Da juventude à meia-idade... as coisas acontecem tão gradualmente que você nunca consegue identificar a data, o dia, o ano em que deixou de ser jovem. A mudança é muito gradativa e lenta.

A morte é o salto quântico de um corpo, de uma forma para outra. Mas não significa um fim para você.

Você nunca nasce, nem nunca morre.

Você sempre está aqui. As formas vêm e vão e o rio da vida continua. A menos que você passe por essa experiência, o medo da morte não deixará você. Só a meditação...só a meditação pode ajudar. Eu posso dizer isso, todas as escrituras podem dizer isso, mas não vai adiantar; ainda restará uma dúvida. Sabe-se lá se as pessoas não estão mentindo, se não estão enganando a si mesmas. Ou se não têm sido enganadas pelos livros, por outros mestres. E, se restar uma dúvida, o medo permanecerá.

A meditação põe você cara a cara com a realidade.

Depois que você descobrir por si mesmo o que é a vida, nunca mais se importará com a morte.

Você pode ir além... Você tem poder para isso e tem direito também. Mas terá que fazer o pequeno esforço de passar da mente para a não-mente.

VOCÊ ACHA QUE O MOMENTO EM QUE A CRIANÇA NASCE É O COMEÇO DA VIDA DELA. Isso não é verdade. Você acha que o momento em que um ancião morre é o fim da vida dele. Não é, não. A vida é bem maior do que o nascimento e a morte. Nascimento e morte não são dois extremos da vida; muitos nascimentos e muitas mortes acontecem ao longo da vida. A vida em si não tem começo nem fim; vida e eternidade são a mesma coisa. Mas não é fácil para você entender como a vida pode converter-se em morte; até admitir isso é impossível.

Existem poucas coisas inconcebíveis neste mundo, e uma delas é que a vida se converta em morte. Em que ponto a vida deixa de ser vida e se transforma em morte? Onde está a linha que separa uma coisa da outra? Tampouco podemos definir a linha fronteiriça do nascimento, o momento em que a vida começa: é quando a criança nasce ou quando é concebida? Mas, mesmo antes da concepção, o óvulo da mãe já estava vivo, o esperma do pai já estava vivo – não estavam mortos, porque o encontro de duas coisas mortas não pode criar uma vida. Em que ponto a criança nasce? A ciência ainda não conseguiu se decidir. Não há como chegar a essa decisão, pois os óvulos que a mãe carrega, ela carrega desde que nasceu...

Uma coisa tem de ser aceita: metade do seu ser está vivo na sua mãe, mesmo antes de você ser concebido. E a outra metade é contribuição do seu pai – a qual também foi uma contribuição viva. Quando o

A morte é o salto quântico de um corpo, de uma forma para outra. Mas não significa um fim para você. Você nunca nasce, nem nunca morre. Você sempre está aqui.

esperma deixa o corpo de seu pai, ele está vivo – mas não tem uma vida longa; só tem duas horas de vida. Nessas duas horas, ele tem de encontrar o óvulo da mãe. Se isso não acontecer, se ele começar a perambular daqui e dali...

Não resta dúvida de que cada esperma tem uma personalidade própria. Alguns são uns sujeitos preguiçosos; enquanto os outros correm direto para o óvulo, eles parecem que estão apenas fazendo sua caminhada matinal. Desse jeito eles nunca vão chegar a tempo, mas o que podem fazer? Essas características estão presentes desde o nascimento; eles não conseguem correr, prefeririam morrer a isso; e sequer se dão conta do que vai acontecer.

Mas uns poucos são como corredores das Olimpíadas, disparam imediatamente à toda. E a competição é acirrada, pois não é uma questão de algumas centenas de células correndo em direção ao único óvulo da mãe... A mãe tem um reservatório de óvulos, que é limitado e libera apenas um óvulo por mês. É por isso que ela tem o período fértil mensal; todo mês um óvulo é liberado. Assim, só um sujeito de toda essa multidão, formada por milhões de células vivas... trata-se de fato de um grande problema filosófico!

Não é nada, só biologia, porque o problema é que, de tantos milhões de pessoas, só uma pode nascer. E quem são aqueles outros milhões que não conseguiram entrar no óvulo da mãe? Isso tem sido usado, na Índia, pelos eruditos, pânditas, *shankaracharyas* hindus, como um dos argumentos contra o controle da natalidade.

A Índia é astuta na argumentação. O papa continua se posicionando contra o controle da natalidade, mas não deu um único argumento. Seus correspondentes indianos pelo menos engendraram alguns argumentos aparentemente muito válidos. Um desses argumentos é: quando parar de ter filhos? – depois de ter dois, três? Eles dizem que Rabindranath Tagore foi o décimo terceiro filho; se o controle de natalidade tivesse sido posto em prática, não haveria existido nenhum Rabindranath.

Os argumentos parecem válidos porque controle de natalidade significa ter só dois filhos, no máximo três: não corra nenhum risco, um pode morrer ou alguma coisa pode acontecer. Você pode pôr no mundo duas crianças para substituir você e a sua mulher, assim a população não aumenta; mas Rabindranath foi o décimo terceiro filho da família. Se eles tivessem parado no décimo segundo, Rabindranath teria perdido o trem. Agora, quantos Rabindranath não estarão perdendo o trem?

Eu estou falando de um dos *shankaracharyas*. Eu disse, "Está perfeitamente certo; para efeitos de argumentação, eu aceito que isso seja verdade: teríamos perdido um Rabindranath Tagore. Mas eu estou disposto a perdê-lo. Se todo o país puder viver em paz, puder ter comida suficiente, roupa suficiente, todas as necessidades básicas satisfeitas, eu acho que vale a pena. Estou pronto para perder um Rabindranath Tagore; isso não é grande coisa. Você tem que ver o equilíbrio: milhões de pessoas morrendo e famintas só para produzir um Rabindranath Tagore? Então você quer dizer que todo casal tem que ter treze filhos? Mas e o décimo quarto? E o décimo quinto?"

E esqueça esses números pequenos; em cada relação sexual o homem libera milhões de espermas – e toda vez que um homem faz amor uma criança não é concebida. Milhões de pessoas, em cada relação sexual, simplesmente desaparecem. Nunca saberemos quantos ganhadores do prêmio Nobel havia ali, quantos presidentes, primeiros-ministros... devia ter todo tipo de gente ali.

Portanto, eis o meu cálculo: dos 14 até a idade de 42 anos, se o homem leva uma vida sexual normal, ele libera uma quantidade de esperma que praticamente se equipara à população da Terra. Um único homem pode povoar um mundo inteiro – superpovoá-lo! – ele já está superpovoado. E todas essas pessoas serão indivíduos ímpares, sem ter nada em comum exceto sua humanidade.

Não, a vida também não começa nesse ponto; a vida começa muito antes. Mas, para você, isso é somente uma hipótese – para mim é uma experiência. A vida começa no momento em que você morreu na sua vida anterior. Quando você morre, por um lado, um capítulo da sua vida – que as pessoas acham que é a vida inteira – é concluído. Trata-se apenas de um capítulo de um livro de infinitos capítulos. Um capítulo termina, mas o livro não é fechado. Basta virar a página e outro capítulo começa.

A pessoa que está morrendo começa a visualizar a vida que vem a seguir. Esse é um fato conhecido, porque acontece antes de o capítulo acabar. De vez em quando, a pessoa chega ao momento derradeiro antes da morte e depois retrocede. Por exemplo, ela está se afogando e de repente é salva. Ela está quase em coma; fizeram-na cuspir toda a água que engoliu, tentaram respiração artificial e de algum jeito ela se salvou. Ela estava a ponto de terminar o capítulo. Essas pessoas têm relatado fatos interessantes.

Entre eles está o fato de que, no último instante, quando elas sentem que vão morrer, que está tudo acabado, toda a vida delas passa rapidamente diante de seus olhos, num *flash* – do nascimento até aquele instante. Num segundo, elas vêem tudo o que lhes aconteceu, tudo de que se lembravam e também aquilo de que não guardavam nenhuma lembrança; muitas coisas de que sequer tinham se dado conta e que não sabiam que ainda fazia parte de sua memória. Todas essas lembranças, como um filme, passam rápido, num *flash* – e tem que ser tudo num segundo porque o homem está morrendo, não há tempo, ele não tem três horas para assistir ao filme inteiro.

E mesmo que visse o filme inteiro, você não poderia contar a história toda da vida de um homem, detalhe por detalhe. Mas tudo passa diante dele – esse é um fenômeno importante, que nunca falha. Antes de acabar o capítulo, ele faz um retrospecto de todas as suas experiências, desejos não-realizados, expectativas, decepções, frustrações, tristezas, alegrias – tudo.

Buda tem uma palavra para isso, ele o chama de *tanha*. Significa, literalmente, desejo, embora metaforicamente signifique toda a vida de desejo. Todas essas coisas acontecem – frustrações, realizações, decepções, sucessos, fracassos – mas tudo isso acontece dentro de uma determinada arena que vocês chamam de desejo.

O moribundo tem que rever todo esse desejo antes de poder seguir adiante, só para se lembrar dele, porque o corpo está morrendo: essa mente não vai mais estar com ele, esse cérebro não vai mais estar com ele. Mas o desejo que brotou na mente se apegará à alma dele, e esse desejo é que determinará sua vida futura. Onde quer que ele não tenha sido satisfeito, é para lá que esse homem se dirigirá.

A sua vida começa muito antes do seu nascimento, antes da gravidez de sua mãe, muito antes disso; ela começa quando sua vida passada chega ao fim. É nesse momento que começa a sua vida atual. Um capítulo é concluído, outro começa. Agora, como essa nova vida decorrerá é algo que é, em sua maior parte, determinado pelo derradeiro instante antes da sua morte. O que você reuniu, o que você trouxe consigo como uma semente – essa semente virará uma árvore, dará frutos, dará flores ou seja lá o que for que acontecerá com ela. Você não conseguirá ver tudo isso só olhando a semente, mas a semente traz em si o esquema todo.

Existe uma possibilidade de que um dia a ciência consiga decifrar todo o programa a partir da semente – que tipo de galho essa árvore vai ter, quanto tempo ela vai viver, o que vai acontecer a essa árvore. Porque o esquema já está ali pronto, só não conhecemos a linguagem. Tudo que um dia vai acontecer já está potencialmente presente.

Portanto, o que você faz no momento da morte determina como será seu nascimento. A maioria das pessoas morre apegada a algo. Elas não querem morrer, e não é difícil entender o porquê. Só no momento da morte elas reconhecem realmente o fato de que não chegaram a viver. A vida simplesmente passou como um sonho, e a morte chegou. Agora já não há mais tempo para viver – a morte está batendo à porta.

> A maioria das pessoas morre apegada a algo. Elas não querem morrer, e não é difícil entender o porquê. Só no momento da morte elas reconhecem realmente o fato de que não chegaram a viver.

E, quando havia tempo para viver, você estava fazendo milhares de coisas idiotas, perdendo tempo em vez de viver a vida.

Eu pergunto para as pessoas que estão jogando cartas, jogando xadrez:

– O que estão fazendo?

– Matando o tempo – elas dizem.

Desde a infância eu sou contra essa expressão, "matando o tempo". Meu pai era um grande jogador de xadrez e eu perguntava a ele:

– Você está ficando velho e ainda fica aí, matando o tempo. Não dá para ver que o tempo é que está matando você? E você continua dizendo que está matando o tempo. Você não sabe o que é o tempo, não sabe onde ele está. Simplesmente pegue-o e me mostre.

Todas essas expressões do tipo "o tempo é passageiro", "o tempo está passando" são só uma espécie de consolo. Na verdade, é você que está passando – descendo pelo ralo a todo instante. E você continua pensando que é o tempo que está passando, como se você fosse ficar e o tempo é que fosse passar! O tempo vai ficar onde está; ele não está passando. O relógio é uma criação do homem para medir o tempo que passa, que não está passando coisa nenhuma.

Na Índia, em Punjab, se você estiver viajando por Punjab, nunca pergunte a ninguém que horas são, pois se acontecer de ser meio-dia você levará uma surra daquelas e será um milagre se escapar com vida. Tudo isso simplesmente por uma razão filosófica – no entanto, quando a filosofia cai na mão dos tolos, é isso o que acontece.

Nanak, o fundador do siquismo, disse que o momento do samadhi, da iluminação, é como os dois ponteiros do relógio encontrando-se ao meio-dia, quando eles deixam de ser dois. Ele estava dando apenas um exemplo – dizendo que, no momento do samadhi, a dualidade do ser se dissipa e você retorna à unicidade. O mesmo acontece na morte. Ele explicou posteriormente que o mesmo acontece na morte: mais uma vez os dois ponteiros que se movimentavam separadamente se encontram e param, tornando-se um só: você e a existência viram uma coisa só.

Por isso, em Punjab, o meio-dia passou a ser um símbolo da morte. Então, se você perguntar a qualquer sardarji "Que horas são?" e acontecer de ser meio-dia, ele simplesmente começará a bater em você, pois isso significa que você o está provocando e jogando-lhe uma maldição, ao evocar-lhe a morte. Em Punjab, se passar alguém aparentando desânimo, sofrimento, aflição, as pessoas dizem, "Está com cara de meio-dia." Já vi sardars se apressando em mudar a hora do relógio: quando chega o meio-dia, eles o adiantam em cinco minutos. Não deixam que fique no meio-dia; não suportam saber que o próprio relógio está pregando uma peça neles. O meio-dia só lhes faz lembrar de sofrimento, tristeza, morte; eles se esqueceram completamente do samadhi, que Nanak estava, na verdade, tentando lhes explicar.

Quando uma pessoa morre – quando é meio-dia para ela –, ela se apega à vida. A vida toda, ela achou que o tempo estava passando; agora sente que ela é que está partindo, que está passando. Não adianta se apegar. O sofrimento é tamanho e fica tão insuportável que a maioria das pessoas cai numa espécie de inconsciência, um coma, antes de morrer. Assim elas perdem a chance de fazer a retrospectiva da própria vida.

Se a morte ocorre sem que haja apegos, se você não tiver nenhum desejo de continuar vivo, nem por um instante que seja, você morre consciente, pois a natureza não precisa fazer com que fique inconsciente ou forçá-lo a entrar em coma. Você morrerá alerta e conseguirá rememorar todo o seu passado. Será capaz de ver que, seja lá o que tenha feito, isso foi simplesmente uma estupidez.

Os desejos foram satisfeitos – o que você ganhou com isso? Os desejos não foram satisfeitos e você sofreu, mas o que você ganha quando eles são satisfeitos? Trata-se de um estranho jogo em que você sempre sai perdendo; se vencer ou perder, não faz diferença.

> Se a morte ocorre sem que haja apegos, se você não tiver nenhum desejo de continuar vivo, nem por um instante que seja, você morre consciente, pois a natureza não precisa fazer com que fique inconsciente ou forçá-lo a entrar em coma.

Seus prazeres não significaram nada; foram palavras escritas na água, e a sua dor ficou gravada na pedra. E você sofreu tudo isso por causa de palavras escritas na água. Você sofreu toda a sua vida por causa de pequenos prazeres que não parecem mais do que brinquedos, no estágio em que você está, da altura em que vê agora, de onde pode divisar todo o vale que foi a sua vida. Os sucessos também foram fracassos. Os fracassos é claro que foram fracassos e os prazeres nada mais do que estímulos para sofrer.

Toda a sua euforia foi só a função da sua faculdade de sonhar. Você está saindo de mãos vazias. Toda a sua vida foi apenas um círculo vicioso: você andou o tempo todo em círculos. E não chegou a lugar nenhum porque, movendo-se em círculos, como poderia chegar a algum lugar? O centro permaneceu sempre à mesma distância, onde quer que você estivesse.

Veio o sucesso, veio o fracasso; vieram os prazeres, veio também a dor; houve momentos de sofrimento e momentos de alegria. Tudo acontecia enquanto você andava em círculos, mas o centro do seu ser ficava sempre à mesma distância de onde você estava. Era difícil enxergar enquanto você andava em círculo – você estava muito envolvido com a coisa toda, era parte integrante dela. Mas agora, de repente, tudo foi tirado das suas mãos – você está vazio.

Kahlil Gibran, em sua obra-prima *O Profeta*, escreveu uma sentença... Al-Mustafa, o profeta, veio correndo ao encontro do povo que trabalhava nas fazendas e disse, "Meu navio chegou, chegou a hora de partir. Vim aqui só para ver tudo o que aconteceu e não aconteceu. Antes de embarcar no navio, sinto um grande desejo de apenas ver como foi a minha vida aqui".

A sentença que eu gostaria de lembrar a vocês é...ele disse, "Eu sou assim como um rio que vai desaguar no mar. Ele se detém por um instante para rever todo o terreno por onde passou – as matas, as montanhas, as pessoas. Foi uma vida preciosa de milhares de quilômetros e agora, num único instante, tudo vai se dissipar. Assim como o rio que, prestes a desaguar no oceano, olha para trás, eu quero olhar para trás também".

Mas esse olhar para trás só é possível se você não está apegado ao passado; do contrário, vai ter tanto medo de perdê-lo que não terá tempo de observar, de ver. E o tempo é só uma fração de segundo. Se um homem morre totalmente alerta, vendo todo o terreno por onde passou e vendo toda a estupidez desse terreno, ele nasce com uma argúcia, com uma inteligência, com coragem – naturalmente. Não se trata de algo que ele faz.

As pessoas me perguntam, "Você foi tão arguto, corajoso, inteligente, mesmo quando criança; eu não tenho essa coragem nem mesmo agora..." A razão disso é o fato de eu ter morrido, em minha vida passada, de uma forma diferente daquela que você morreu. Essa é a grande diferença, pois da forma como você morrer, você também nascerá. Sua morte é um lado da moeda, seu nascimento é o outro lado dessa mesma moeda.

Se, de um lado, havia confusão, sofrimento, aflição, apego, desejo, então, do outro lado da moeda, você não poderá expressar agudeza de espírito, inteligência, coragem, lucidez, consciência. Isso não estará garantido absolutamente; não adianta esperar por isso.

É por isso que é ao mesmo tempo tão simples e tão difícil explicar isso a você, pois eu não fiz nada na vida para ser corajoso ou para ser arguto e inteligente desde muito jovem. E eu nunca pensei nisso como coragem ou argúcia ou inteligência.

Foi só depois que, lentamente, eu me dei conta de como as pessoas eram estúpidas. Foi uma reflexão posterior; antes disso eu não tinha consciência de que era corajoso. Eu achava que todo mundo devia ser assim. Só mais tarde ficou claro para mim que nem todos eram assim.

À medida que crescia, fui tomando consciência da minha vida passada e da minha morte, e lembrei-me de como tinha sido fácil morrer – não apenas fácil como estimulante. Meu interesse estava mais em explorar o desconhecido à minha frente do que nas coisas conhecidas que eu já tinha visto. Em momento nenhum olhei para trás. E eu tinha sido desse jeito a vida toda – nunca olhava para trás. Não havia por quê. Você não pode voltar, então para que perder tempo? Eu sempre olhava para a frente. Mesmo no momento da morte eu estava olhando para a frente – e foi isso que me fez entender por que me faltavam os freios que impediam as outras pessoas de fazer as coisas.

Esses freios são fruto do medo do desconhecido. Você está apegado ao passado e com medo de enfrentar o desconhecido. Você está apegado ao que já conhece, àquilo com que já se familiarizou. Pode ser doloroso, pode ser feio, mas pelo menos você já conhece. Você já travou uma certa amizade com o que conhece.

Você pode ficar surpreso, mas já vi milhões de pessoas assim; elas se apegam ao sofrimento por uma razão muito simples: travaram uma espécie de amizade com o sofrimento. Viveram tanto tempo com ele que, se o deixarem, será como um divórcio.

O mesmo acontece com o casamento e com o divórcio. O homem pensa em divórcio uma dúzia de vezes por dia, no mínimo; a mulher também pensa – mas, por algum motivo, ambos continuam tocando o casamento em frente, vivendo juntos por um só motivo: os dois têm medo do desconhecido. Esse homem não presta, tudo bem, mas vai saber como será o outro – ele pode ser pior. E, pelo menos, você já se acostumou ao mau caráter, à falta de carinho deste e consegue tolerar tudo isso. Você tolera, isso já não a afeta mais. Mas, com um outro homem, você não sabe como vai ser; terá que começar do zero novamente. Então as pessoas continuam apegadas ao que já conhecem.

Dê só uma olhada nas pessoas que estão morrendo. Não estão sofrendo por causa da morte. A morte não causa dor, ela é absolutamente indolor. Na verdade, é até agradável; é como um sono profundo. Você acha que um sono profundo é algo doloroso? Mas essas pessoas não estão preocupadas com a morte, com sono profundo ou prazer; elas estão preocupadas com o conhecido que está lhes escapando das mãos.

> Já vi milhões de pessoas assim; elas se apegam ao sofrimento por uma razão muito simples: travaram uma espécie de amizade com o sofrimento. Viveram tanto tempo com ele que, se o deixarem, será como um divórcio.

O medo só significa uma coisa: perder contato com o conhecido e enfrentar o desconhecido.

A coragem é exatamente o contrário do medo.

Esteja sempre pronto para deixar para trás o conhecido – esteja mais do que disposto a deixá-lo para trás – sequer espere que ele amadureça. Simplesmente pule para algo que seja novo... o sabor da novidade, seu frescor, é tão tentador. Aí sim, trata-se de coragem.

O medo da morte é certamente o maior medo que existe e é o que mais afeta a sua coragem.

Portanto, só posso sugerir uma coisa. Você não pode mais voltar para o momento em que morreu na vida passada, mas pode começar a fazer o seguinte: Esteja sempre pronto para passar do conhecido para o desconhecido, em tudo, em qualquer experiência.

É melhor, mesmo quando o desconhecido acaba sendo pior do que o conhecido – não é isso que interessa. Só a sua mudança do conhecido para o desconhecido, sua disposição para mudar de um para o outro é que interessa. Ela é imensamente valiosa. E não deixe de fazer isso em todos os tipos de experiência. Assim você vai estar preparado para a morte, pois, quando ela chega, você não tem como decidir de repente, "Opto pela morte e me despeço da vida". Essas decisões não são feitas de uma hora para outra.

> Mesmo que tudo que fosse velho fosse ouro, ainda assim seria melhor deixar o velho de lado. Opte pelo novo – se ele for ou não de ouro, não importa.

Você tem que ir conquistando terreno, se preparando, vivendo um dia de cada vez. E, quando se familiarizar melhor com a beleza do desconhecido, você começará a desenvolver interiormente uma nova qualidade. Ela já está dentro de você, só que nunca foi usada. Nunca se esqueça de que o novo é sempre melhor do que o velho.

Dizem que tudo que é velho não é ouro. Eu digo que, mesmo que tudo que fosse velho fosse ouro, ainda assim seria melhor deixar o velho de lado. Opte pelo novo – se ele for ou não de ouro, não importa. O que importa é a sua opção: a opção de aprender, a opção de passar pela experiência, a opção de enfrentar a escuridão. Muito lentamente, sua coragem começará a emergir. E a argúcia não está separada da coragem, é quase um todo orgânico.

Onde há medo há covardia e uma tendência para o retardamento mental, a mediocridade. Eles estão todos juntos, um apóia o outro. Com a coragem vem a argúcia, a inteligência, a receptividade, uma mente sem preconceitos, a capacidade de aprender – elas vêm todas juntas.

Comece com um exercício simples: nunca se esqueça, sempre que houver uma opção, opte pelo desconhecido, pelo risco, pelo perigoso, pelo inseguro, e você nunca sairá perdendo.

E só então... desta vez a morte pode vir a ser uma experiência extremamente reveladora e pode lhe dar um vislumbre de como será seu nascimento na próxima vida – não só um vislumbre, mas até mesmo um certo poder de escolha. Estando consciente, você poderá escolher a mãe que quiser, o pai que quiser. Isso tudo costuma ser inconsciente, um simples acaso, mas, quando um homem morre com consciência, ele também nasce com consciência.

Vocês podem perguntar à minha mãe – porque, por acaso, ela está aqui... Depois do meu nascimento, por três dias eu não mamei, e ficaram todos preocupados. Os médicos ficaram preocupados, porque como uma criança pode sobreviver se ela se recusa a mamar? Mas eles não tinham nenhuma idéia da minha dificuldade, da dificuldade que eles estavam criando para mim. Eles tentaram me forçar de toda forma possível. E não havia como eu explicar a eles ou como descobrirem por si mesmos.

Em minha vida passada, antes de morrer, eu estava em jejum. Eu queria completar 31 dias de jejum, mas fui assassinado antes de concluir meu jejum, três dias antes. Esses três dias ficaram na minha consciência mesmo depois deste nascimento; eu tinha que completar meu jejum. Eu sou realmente teimoso! Do contrário, as pessoas não carregariam coisas de uma vida para outra; depois que um capítulo acaba, acabou-se.

Mas, durante três dias, eles não conseguiram pôr nada na minha boca; eu simplesmente rejeitava. Depois desses três dias, no entanto, eu

>
> Nunca se esqueça: sempre que houver uma opção, opte pelo desconhecido, pelo risco, pelo perigoso, pelo inseguro, e você nunca sairá perdendo.

fiquei perfeitamente bem e eles, intrigados: "Por que ele se recusou a comer por três dias? Não estava doente, não havia problema nenhum – e depois de três dias ficou perfeitamente normal." Isso permaneceu um mistério para eles. Mas não quero falar dessas coisas porque, para você, elas serão apenas hipotéticas, e não há como prová-las cientificamente. E eu não quero instigar em você nenhuma crença, por isso vamos esquecer tudo o que possa dar origem a qualquer sistema de crença em sua mente.

Você me ama, você confia em mim, portanto, não importa o que eu diga, você pode confiar em mim. Mas eu insisto, mais uma vez, que tudo o que não estiver baseado na sua própria experiência, você aceite só hipoteticamente. Não torne isso uma crença. Se às vezes eu dou um exemplo, faço isso por pura necessidade – porque as pessoas perguntam, "Como você conseguia ser tão corajoso e arguto na infância?"

Eu não fiz coisa nenhuma. Simplesmente continuei a fazer o que estava fazendo em minha vida passada.

A coragem nascerá com você.

Comece simplesmente com uma fórmula básica: *Nunca deixe de enfrentar o desconhecido.*

Sempre opte por ele e siga em frente. Mesmo que você sofra, valerá a pena – sempre vale. Você sempre sairá dessa experiência crescido, mais maduro, mais inteligente.

EM BUSCA DO DESTEMOR

※

Técnicas de Meditação e Respostas a Perguntas

Todo mundo tem medo – tem de ter. Do jeito que a vida é, é preciso ter. E as pessoas que deixam de ter medo, passam a ser destemidas não porque demonstram bravura – porque o homem que demonstra bravura só reprimiu o medo que sente; ele não é destemido de fato. O homem fica destemido aceitando seus medos. Não é uma questão de bravura. Basta simplesmente olhar para os fatos da vida e perceber que esses medos são naturais. Basta aceitá-los!

Medo e culpa são a mesma coisa?

Medo e culpa não são a mesma coisa. O medo aceito vira liberdade; o medo negado, rejeitado, condenado, vira culpa. Se você aceita o medo como parte da situação...

Ele é parte da situação. O homem é uma parte, uma parte muito pequena, minúscula, e o todo é amplo; uma gota, uma gotinha, e o todo é o oceano inteiro. Surge a apreensão: "Eu posso me perder no todo;

posso perder a minha identidade." Esse é o medo da morte. Todo medo é medo da morte. E o medo da morte é o medo da aniquilação.

É natural que o homem tenha medo, que fique apreensivo. Se você aceitar o medo, se disser que ele faz parte da vida, se aceitá-lo totalmente, a apreensão desaparece imediatamente, e o medo – a mesma energia que se transformou em medo – é dissipado e vira liberdade. E então você descobre que, mesmo quando a gota desaparece no oceano, ela ainda está ali. Na verdade, ela vira o oceano inteiro. Então a morte passa a ser o nirvana, e você deixa de ter medo de se perder. Aí você entende a frase de Jesus: "Se salvar a sua vida, você a perde; e, se a perder, você a salva."

O único jeito de transcender a morte é aceitá-la. Aí ela desaparece. O único jeito de ser destemido é aceitar o medo. Aí a energia é liberada e vira liberdade. Mas, se você condena o medo, se o reprime, se esconde o fato de que tem medo – se você veste uma armadura e se protege, ficando na defensiva – então aparece a culpa.

Tudo o que é reprimido gera culpa; tudo o que não é permitido gera culpa; tudo o que vai contra a natureza gera culpa. Então você se sente culpado por estar mentindo para os outros e mentindo para si mesmo. Essa falta de autenticidade é a culpa.

Você pergunta: "O medo e a culpa são a mesma coisa?" Não. O medo pode ser culpa, mas pode não ser. Depende do que você faz com o medo. Se fizer alguma coisa errada com ele, ele vira culpa. Se simplesmente aceitá-lo e não fizer nada com ele – não há nada a fazer a esse respeito! – então ele vira liberdade, vira destemor.

Não diga a si mesmo que você é feio, vil, um pecador. Não se condene. Seja o que for, você é assim. Não aja como culpado, não se sinta culpado. Mesmo que haja algo errado, você não está *errado*. Pode ser que tenha agido de modo errado, mas o seu ser não está errado por causa disso. Alguma atitude pode estar errada, mas o ser está sempre certo.

Já notei que estou sempre tentando convencer os outros de que sou importante e poderoso. Já meditei sobre o motivo disso e acho que é medo.

O ego sempre vem do medo. Uma pessoa realmente destemida não tem ego. O ego é uma proteção, uma armadura. Como você está com medo, cria ao seu redor uma impressão de que você é assim e assado, isto e aquilo, sabe? Assim ninguém ousa ferir você; tirando isso, é basicamente medo. Ótimo! Você olha dentro dele profunda e diretamente. E depois que vê a causa básica, as coisas começam a ficar muito simples. Se não for assim, as pessoas continuam a brigar com o ego – e o ego não é o problema real. Se lutar com o ego, você está lutando contra um sintoma, não contra a verdadeira doença. A verdadeira doença é o medo. Você pode continuar brigando com o ego e dará com os burros n'água, pois o ego não é o verdadeiro inimigo, é um farsante. Mesmo que você ganhe, não ganhará nada de fato. E você nem pode ganhar – só um inimigo de verdade pode ser vencido, não um inimigo de mentira que nem sequer existe. É uma fachada. É como se você tivesse uma ferida feia e colocasse uns enfeites nela para lhe dar uma aparência melhor.

> O único jeito de transcender a morte é aceitá-la. Aí ela desaparece. O único jeito de ser destemido é aceitar o medo. Aí a energia é liberada e vira liberdade.

Uma vez aconteceu de eu estar na casa de um astro de cinema que convidou muitas pessoas para ir me ver. Também havia uma atriz de cinema lá e ela tinha um relógio belíssimo, com uma pulseira muito grande e bonita. Alguém que estava sentado ao lado dela começou a perguntar sobre o relógio e ela ficou um pouco incomodada. Eu simplesmente observava a cena. O homem queria ver o relógio – e ela não estava nem um pouco disposta a tirá-lo. Mas o sujeito insistiu e ela não teve escolha senão tirá-lo. Então eu pude ver qual era o problema. Ela tinha uma grande mancha branca, uma mancha de lepra. Ela estava escondendo a mancha sob a pulseira do lindo relógio. Ela ficou então exposta aos olhares de todos – e começou a transpirar e a ficar nervosa...

O ego é assim. O medo existe, mas ninguém quer mostrá-lo, porque, se você mostrar que está com medo, haverá ali muitas pessoas que o deixarão com mais medo. Depois que elas souberem que você está profundamente apavorado, então todo mundo cairá em cima de você. Elas sentirão prazer em humilhar você, ao se ver diante de alguém mais fraco. As pessoas adoram explorar, chutar pessoas assim...

Então as pessoas que têm medo criam lá no fundo um ego bem grande em torno do medo e continuam a bombar mais ar para dentro do balão do ego para que ele fique maior ainda. Adolf Hitler, Idi Amin de Uganda – esse tipo de pessoa torna-se extremamente inflado. Então ele começa a provocar medo nos outros. Qualquer um que tente provocar medo nos outros sabe muito bem que, lá no fundo, ele mesmo deve estar com medo, do contrário, por que faria isso? E para quê? Quem se daria ao trabalho de deixar o outro com medo se não estivesse com medo também?

As pessoas medrosas provocam medo nos outros para que possam descansar à vontade. Elas sabem muito bem que assim você não vai tocá-las, não vai ultrapassar os limites delas.

Você parece bem – é exatamente essa a questão. Portanto, não brigue com o ego. Em vez disso, observe o medo e tente aceitá-lo. Ele é natural, faz parte da vida. Não há por que escondê-lo; não é preciso fingir que você não tem. Ele está ali – todos os seres humanos estão cheios de medo. Ele faz parte da humanidade. Aceite-o e, no momento em que fizer isso, o ego desaparecerá, pois não haverá mais motivo para continuar com o ego. Brigar com ele não vai ajudar em nada; aceitar o medo resolverá a situação no ato. Então você sabe que sim, somos tão minúsculos neste universo tão grande! Como é possível não sentir medo? E a vida está por todos os lados cercada pela morte – como é possível não sentir medo? A qualquer momento, podemos desaparecer – uma coisinha sai errado e nós desaparecemos – então, como é possível não ficar com medo? Quando você o aceita, pouco a pouco o medo desaparece, pois ter medo perde o sentido. Você o aceita, sabe que ele está sempre ali – é isso!

Portanto, não crie algo atrás do qual você possa esconder o medo. E, quando você não cria nada contra ele, ele simplesmente se aquieta. Eu não estou dizendo que você não terá mais medo, estou dizendo que não ficará apreensivo. O medo estará ali, mas você não estará apreensivo. Você me entendeu? Ficar apreensivo significa que você está contra o medo – não quer que ele esteja ali, embora ele esteja.

Quando você o aceita... Assim como as árvores são verdes, a humanidade está cheia de medo. Então, o que fazer? As árvores não se escondem por isso. Todo mundo um dia vai morrer. O medo é a sombra da morte. Aceite isso!

> As pessoas medrosas provocam medo nos outros para que possam descansar à vontade. Elas sabem muito bem que assim você não vai tocá-las, não vai ultrapassar os limites delas.

Quando estou só, sinto que posso deixar algumas coisas de lado e amar as pessoas; mas quando estou na presença delas, a coisa se complica.

É difícil amar pessoas de verdade, porque uma pessoa de verdade não vai preencher as suas expectativas. Ela não está aqui para isso. Não está aqui para preencher as expectativas de ninguém; ela tem de viver a vida dela. E sempre que ela tomar alguma atitude que for contra você ou que não estiver em sintonia com os seus sentimentos, com as suas emoções, com o seu ser, a coisa vai se complicar.

É muito fácil pensar no amor. Mas é muito difícil amar. É muito fácil amar o mundo inteiro. Difícil mesmo é amar um ser humano. É muito fácil amar a Deus e a humanidade. O problema surge de fato quando você cruza com uma pessoa de verdade e se encontra com ela. Encontrá-la é passar por uma grande mudança e por um grande desafio.

Ela não vai virar sua escrava, nem você vai ser escravo dela. É aí que surge de fato o problema. Se você vai ser escravo dela ou se ela vai ser sua escrava, então não há problema. O problema surge porque ninguém está aqui para bancar o escravo – e ninguém pode ser um escravo. Todo mundo é um agente livre... todo o ser consiste em liberdade. O homem é liberdade.

Por isso, lembre-se, o problema é real, ele não tem nada que ver com a sua personalidade, em particular. O problema está relacionado com todo o fenômeno do amor. Não faça disso um problema pessoal, do contrário você criará dificuldade para si mesmo. Todo mundo terá de enfrentar o mesmo problema, mais cedo ou mais tarde. Eu nunca cruzei com uma pessoa que nunca teve dificuldade em amar. Isso tem algo que ver com o amor, com o próprio mundo do amor.

O próprio relacionamento provoca situações em que esse problema emerge, e é bom passar por elas. No Oriente, as pessoas fugiram, vendo só a dificuldade disso. Elas começaram a negar o amor, a rejeitar o amor. Surgiu o desamor e elas o chamaram de desapego. Pouco a pouco, foram ficando amortecidas. O amor quase desapareceu do Oriente e só restou a meditação.

Meditação significa que você se sente bem na solidão. Meditação significa que você só está estabelecendo uma relação consigo mesmo. Seu círculo está completo com você mesmo; você não sai dele. É claro que 99% dos seus problemas estão resolvidos – mas a um custo muito alto. Você passa a ter menos aborrecimentos. O homem oriental é menos ansioso, menos tenso, passa quase o tempo todo em sua caverna interior, protegido, de olhos fechados. Ele não deixa que a energia circule. Ele causa um curto-circuito, um pequeno movimento de energia dentro do seu ser, e é feliz. Mas a felicidade dele é um pouco morta. Essa felicidade não é uma celebração, não é uma alegria.

No máximo, você pode dizer que não é infelicidade. Você, no máximo, pode dizer algo de negativo a respeito dela, como dizer que você é saudável porque não tem nenhuma doença. Mas isso não é saúde. A saúde tem de ser algo positivo, um fulgor que irradia – não a mera ausência de doença. Nesse sentido, até um cadáver é saudável, pois não há mais nenhuma doença nele.

> É muito fácil pensar no amor. Mas é muito difícil amar. É muito fácil amar o mundo inteiro. Difícil mesmo é amar um ser humano.

Então, no Oriente, temos tentado viver sem amor, renunciar ao mundo – que significa renunciar ao amor – renunciar à mulher, ao homem e a todas as possibilidades em que o amor possa florescer. Os monges jainistas, hindus, budistas não falam com uma mulher quando estão sozinhos, não podem tocar numa mulher; na verdade, não podem nem mesmo olhá-la de frente. Quando uma mulher se aproxima para perguntar alguma coisa, eles têm de manter os olhos baixos. Têm de olhar a ponta do nariz, de forma que não possam ver a mulher nem mesmo sem querer. Pois eles sabem: alguma coisa poderia dar um clique... e fica-se desamparado nas mãos do amor.

Esses monges não ficam na casa das pessoas nem permanecem por muito tempo num mesmo lugar porque isso poderia dar margem ao apego, ao amor. Então eles continuam em movimento, em marcha e evitando – evitando qualquer relacionamento. Eles conseguiram cultivar uma certa quietude interior. São pessoas imperturbáveis, que não se deixam levar pelo mundo, mas não são felizes, não celebram.

No Ocidente, tem acontecido exatamente o oposto. As pessoas tentaram encontrar a felicidade no amor, e com isso criaram muita confusão. Elas perderam todo o contato consigo mesmas. Ficaram tão distantes de si mesmas que já não sabem o caminho de volta. Não sabem que caminho é esse, onde é a casa delas. Então elas sentem que não têm sentido, que não tem casa, e não param de ter casos de amor com essa mulher, com aquele homem – heterossexual, homossexual, autossexual. Continuam tentando de todo jeito e, mesmo assim, sentem-se vazias, pois o amor, isoladamente, pode dar a você felicidade, mas não há nenhum silêncio nele. E, se existe felicidade sem silêncio, mais uma vez fica faltando alguma coisa.

Se você é feliz mas lhe falta o silêncio, sua felicidade será como uma febre, um excitamento... muito barulho por nada. Esse estado febril gerará muito mais tensão em você e não melhora nada; é só correria, agitação. E chegará o dia em que se descobrirá que todo esse esforço foi infundado, pois você só tentou encontrar o outro sem ter encontrado ainda a si mesmo.

Nenhum desses dois jeitos deu resultado. O Oriente errou porque tentou a meditação sem amor. O Ocidente errou porque tentou o amor sem meditação. Tudo o que eu quero é dar a você uma síntese, o todo – que significa meditação mais amor. Tanto é preciso ser feliz sozinho quanto na companhia dos outros. É preciso ser feliz interiormente e também nos relacionamentos. É preciso construir uma bela casa tanto dentro de si quanto fora também. Ter um lindo jardim em torno dela e também um bonito quarto de dormir. O jardim não invalida o quarto; o quarto não invalida o jardim.

A meditação tem de ser um abrigo interior, um santuário interior. Sempre que você se sentir sobrecarregado pelo mundo, dirija-se para o seu santuário. Você pode se banhar no seu ser interior. Pode rejuvenescer. Pode sair dali ressuscitado; vivo novamente, revigorado, jovem, renovado... para viver, para ser. Mas você também tem de ser capaz de amar as pessoas e de enfrentar os problemas, pois um silêncio impotente, que não consegue enfrentar os problemas, não é um silêncio de verdade, não tem muito valor.

Só o silêncio que consegue enfrentar os problemas e continuar silencioso merece ser almejado, desejado.

São essas duas coisas que eu gostaria de lhe falar: primeiro, comece a fazer meditação, pois sempre é bom começar do centro mais próximo do seu ser, e é disso que se trata a meditação. Mas nunca se limite a ela. A meditação tem de estar em movimento, florescer, desenvolver-se e virar amor.

E não fique preocupado, não faça disso um problema – ele não é. É simplesmente humano; é natural. Todo mundo tem medo – tem de ter. Do jeito que a vida é, é preciso ter. E as pessoas que deixam de ter medo passam a ser destemidas não porque demonstram bravura – porque o homem que demonstra bravura só reprimiu o medo que sente; ele não é destemido de fato. O homem fica destemido aceitando seus medos. Não é uma questão de bravura. Basta simplesmente olhar para os fatos da vida e perceber que esses medos são naturais. Basta aceitá-los!

> A meditação tem de ser um abrigo interior, um santuário interior. Sempre que você se sentir sobrecarregado pelo mundo, dirija-se para o seu santuário. Você pode se banhar no seu ser interior.

O problema aparece porque você quer rejeitá-los. Ensinaram a você ideais muito egoístas: "Seja destemido!" Que bobagem! Tolice! Como uma pessoa inteligente pode evitar o medo? Se for burra, não vai ter medo de nada. O motorista do ônibus buzina, buzina e você continua no meio da rua, sem medo nenhum. Ou um touro investe contra você e você fica ali, placidamente. Mas você é burro! Um homem inteligente sairia do caminho.

> O homem fica destemido aceitando seus medos. Não é uma questão de bravura. Basta simplesmente olhar para os fatos da vida e perceber que esses medos são naturais.

Se você passa a ser um viciado e começa a procurar por todo canto uma cobra saindo do mato, então é problema. Se não há ninguém na rua, mas mesmo assim você fica com medo e sai correndo, também é problema; do contrário, o medo é natural.

Então, quando eu digo que você vai se livrar do medo, não quero dizer que nunca mais vai sentir medo na vida. Você só vai perceber que 99% dos seus medos não passam de imaginação. Dez por cento são reais, então só lhe cabe aceitá-los. Eu não faço ninguém ficar destemido. Faço com que as pessoas sejam mais compreensivas, sensíveis, alertas, e esse estado alerta é o suficiente. Elas se dão conta de que podem usar o medo em benefício próprio. Então, nada de se preocupar, hem?

Por que eu ainda tenho tanto medo de me expor?

Quem não tem? Expor-se é algo que gera um grande medo. É natural, porque expor-se significa expor todo o lixo que você carrega na cabeça, o lixo que vem acumulando há séculos, por muitas e muitas vidas. Expor-se significa expor todas as suas fraquezas, limitações, faltas. Expor-se significa, no final das contas, expor sua vulnerabilidade. Morte... Expor-se significa expor o seu vazio.

Atrás de todo esse lixo da sua cabeça e do barulho que existe ali, há uma dimensão de vazio absoluto. Somos uma santidade sem Deus, apenas um vazio e mais nada, sem Deus. Queremos esconder essa nudez, esse vazio, essa feiúra. Nós a cobrimos com flores bonitas, decoramos essas coberturas. Pelo menos fingimos que somos alguma coisa, alguém. E isso não é algo que só diga respeito a você; isso é universal, é assim com todo mundo.

Ninguém pode ser como um livro aberto. O medo segura você: "O que as pessoas vão pensar de mim?" Desde a infância, você aprendeu a usar máscaras, lindas máscaras. Não há necessidade de se ter um rosto bonito. Basta uma linda máscara; e a máscara é barata. Transformar seu rosto é trabalhoso. Pintá-lo é muito fácil.

A idéia de expor o seu verdadeiro rosto de repente faz com que você sinta um calafrio lá no fundo. Surge a apreensão: As pessoas vão gostar dele? Vão aceitar você? Ainda vão amá-lo, respeitá-lo? Quem garante? – porque até agora eles respeitaram a sua máscara, respeitaram o seu caráter, admiraram os seus trajes. Agora vem à tona o medo: "Se eu me desnudar de repente, elas ainda vão me amar, me respeitar, me admirar ou vão me fazer perder tudo isso? Elas podem me virar as costas e me deixar sozinho."

Por isso as pessoas continuam fingindo. Do medo vem a pretensão, do medo surge tudo o que é falso. É preciso ser destemido para ser autêntico.

Eis uma das leis fundamentais da vida: tudo o que você esconde cresce, e tudo que você expõe, se for errado, desaparece, evapora ao sol; e, se estiver certo, se desenvolve. Acontece justamente o oposto quando você esconde algo. O certo começa a definhar porque não é cultivado; ele precisa do vento, da chuva e do sol. Precisa de toda natureza à sua disposição. Ele só pode crescer com a verdade, ele se alimenta da verdade. Pare de alimentá-lo e ele começa a definhar cada vez mais. E as pessoas estão famintas da verdade delas e fartas da falsidade.

Seu rosto falso se alimenta de mentiras; então você tem que continuar mentindo cada vez mais. Para sustentar uma mentira, você tem de inventar outras cem, pois só é possível sustentar uma mentira inventando outras maiores. Então, quando você se esconde por trás de uma fachada, o verdadeiro começa a definhar e o falso viceja, fica cada vez maior. Se você se expuser, o falso morrerá, está fadado a morrer, pois o falso não sobrevive ao ar livre. Ele só sobrevive em segredo, só sobrevive na escuridão, nos túneis do inconsciente. Se você o trouxer à consciência, ele começa a evaporar.

Eis todo o segredo do sucesso da psicanálise. É um segredo muito simples, mas é *todo* o segredo dela. A psicanálise ajuda a trazer tudo o que está no inconsciente, nos reinos sombrios do ser, para o nível do consciente. Ela traz esse material para a superfície onde você pode vê-lo, onde os outros podem vê-lo, e acontece o milagre: só o fato de vê-lo já é o começo da morte dele. E se você puder falar sobre ele com alguém – que é o que você faz na psicanálise –, só o fato de se expor para uma pessoa já é suficiente para provocar grandes mudanças no seu ser. Mas expor-se para um psicanalista é uma coisa meio restrita: você só pode se expor na frente de uma única pessoa, em completa privacidade, com a condição de que ele não vá tornar isso público. Isso faz parte da profissão do médico, do psicanalista, do terapeuta; faz parte do juramento dele a promessa de não contar isso a ninguém, de manter isso em segredo. Portanto, trata-se de uma exposição bem limitada, embora ajude. É uma exposição profissional; mas ainda assim ajuda. Leva anos; essa é a razão; aquilo que pode ser feito em alguns dias, na psicanálise leva anos – quatro anos, cinco anos, e mesmo assim a psicanálise nunca está completa. O mundo ainda não conheceu um único caso de psicanálise total, em que o processo foi terminado, acabado – não, ainda não. Nem o seu psicanalista foi completamente psicanalizado, pois a exposição em si é muito limitada e cheia de condições. O psicanalista ouve você como se não ouvisse, pois ele não vai contar isso a ninguém. Mas mesmo assim isso ajuda, ajuda muito a desabafar.

Se você conseguir se expor religiosamente – não só em particular, com um profissional, mas em qualquer relacionamento – é disso que tratam os sannyas. É uma autopsicanálise. É uma psicanálise 24 horas por dia, dia após dia. É psicanálise em todo tipo de situação: com a mulher, com o amigo, com o parente, com o inimigo, com o estranho, com o patrão, com o empregado. Durante 24 horas, você está se relacionando.

Se você se expuser o tempo todo, no começo vai ser realmente bem assustador, mas logo você começará a ficar mais forte porque, depois que a verdade é exposta, ela se fortalece e o falso fenece. E, quando a verdade fica mais forte, você cria raízes, fica centrado. Começa a se tornar um indivíduo; a personalidade desaparece e surge a individualidade.

Se você se expuser, o falso morrerá, está fadado a morrer, pois o falso não sobrevive ao ar livre. Ele só sobrevive em segredo, só sobrevive na escuridão.

A personalidade é fictícia, a individualidade tem substância. A personalidade é só fachada, a individualidade é a sua verdade. A personalidade é imposta de fora; é uma *persona*, uma máscara. A individualidade é a sua realidade – é como Deus fez você. A personalidade é sofisticação social, verniz social. A individualidade é crua, agreste, forte, tremendamente poderosa.

Mas o medo é natural, porque, desde a infância, você aprendeu falsidades, e se identificou tanto com o falso que se livrar dele é quase como se suicidar. E o medo aparece porque começa uma grande crise de identidade.

Por cinqüenta anos, sessenta anos, você foi um tipo de pessoa. Agora, você que fez a pergunta, deve estar chegando aos sessenta – por sessenta anos você foi um certo tipo de pessoa. Agora, nessa fase final da sua vida, jogar fora essa identidade e começar a aprender a ser você mesmo, do bê-a-bá, é assustador. A morte está ficando mais próxima a cada dia – será que é hora de começar essa lição nova? Será que você vai conseguir concluí-la ou não? Não se sabe. Você pode perder a sua antiga identidade e não ter tempo suficiente, energia suficiente, coragem suficiente para conseguir uma nova. E aí? Você vai morrer sem uma identidade? Vai viver esta fase final da sua vida sem uma identidade? Isso vai ser uma loucura, viver sem uma identidade; o coração aperta, gela. Você pensa, "O que é que tem continuar mais alguns dias assim mesmo? É melhor viver com o velho, o conhecido, o seguro, o conveniente". Você já sabe lidar com isso muito bem. E tem sido um enorme investimento: você investiu sessenta anos da sua vida nisso. De alguma forma, já se saiu bem, formou uma idéia de quem você é, e agora eu falo para você tirar da cabeça essa idéia porque isso não é você!

> A personalidade é fictícia, a individualidade tem substância.
>
> A personalidade é só fachada, a individualidade é a sua verdade.
>
> A personalidade é imposta de fora; é uma *persona*, uma máscara. A individualidade é a sua realidade – é como Deus fez você.

Você não precisa de nenhuma idéia para se conhecer. Na verdade, todas as idéias têm de ir para o lixo; só assim você poderá saber quem você é.

O medo é natural. Não o condene, nem pense que é algo errado. Ele simplesmente faz parte de toda a educação da sociedade. Temos de aceitá-lo e transcendê-lo; sem condená-lo, temos de transcendê-lo.

Exponha-se devagar, devagarinho – não há necessidade nenhuma de dar um pulo maior que a perna; siga passo a passo, gradativamente. Mas logo você aprenderá o sabor da verdade, e ficará surpreso ao perceber que todos esses sessenta anos foram puro desperdício. Sua velha identidade sumirá para sempre, você terá uma idéia completamente nova. Não será, na verdade, uma nova identidade, mas uma nova visão, um novo jeito de ver as coisas, uma nova perspectiva. Você não será capaz de dizer "Eu" novamente, como se pressupusesse alguma coisa; você usará a palavra simplesmente porque é útil, mas saberá o tempo todo que ela não carrega nenhum significado, nenhuma substância, nenhuma substância existencial; que por trás desse "Eu" oculta-se um oceano, o infinito, a imensidão, o divino.

Você nunca mais se apegará a outra identidade; sua identidade antiga sumirá, e pela primeira vez na vida você começará a se sentir como uma onda no oceano de Deus. Não se trata de uma identidade, pois você não está dentro dela. Você desapareceu, Deus tomou o seu lugar.

Se você puser em risco o falso, a verdade pode ser sua. E vale a pena, pois você só põe em risco o falso e ganha de volta a verdade. Você não arrisca nada e ganha tudo.

Descobri que estou entediado, sem entusiasmo. Você disse para nos aceitarmos do jeito que somos. Não consigo aceitar a vida, sabendo que, lá dentro, me falta alegria. O que fazer?

Ouvi falar de um novo tipo de tranqüilizante que não relaxa – só faz com que você fique mais tenso.

Experimente! Experimente mesmo – seja americano! –, mas não mais do que três vezes. Experimente uma vez, duas, três, e então pare, afinal não há por que ser idiota.

Você me pergunta, "Descobri que estou entediado..."

Essa é uma grande descoberta. Com certeza! Muito poucas pessoas se dão conta de que estão entediadas – e elas *estão*, estão mortas de tédio. Todo mundo sabe disso menos elas. Saber que se está entediado já é um grande começo; agora basta conhecer algumas implicações disso.

O homem é o único animal que sente tédio; essa é uma grande prerrogativa, faz parte da dignidade do ser humano. Você já viu um búfalo entediado, um jumento entediado? Eles não ficam entediados. O tédio significa simplesmente que o jeito como você está vivendo está errado; por isso é uma grande coisa saber que "Estou entediado e algo tem de ser feito com relação a isso, é preciso que haja alguma mudança". Portanto, não pense que é ruim ficar entediado – é um bom sinal, um bom começo, um começo muito auspicioso. Mas não pare por aí.

Por que se fica entediado? Você fica entediado porque vive de acordo com padrões mortos, que herdou de outras pessoas. Renuncie a esses padrões, largue-os! Comece a viver à sua própria moda.

Não é uma questão de dinheiro, de poder, de prestígio; é uma questão do que, intrinsecamente, você quer fazer. Faça isso sem ligar para os resultados, e o tédio desaparecerá. Você tem de seguir as idéias dos outros, tem de fazer as coisas do jeito "certo", tem de fazer as coisas quando é preciso. Esses são os alicerces do tédio.

Toda a humanidade está entediada porque aquele que deveria ser místico é matemático, aquele que deveria ser matemático é político, aquele que deveria ser poeta é um homem de negócios. Todo mundo está fazendo uma coisa diferente do que deveria; ninguém está onde deveria estar. É preciso arriscar. O tédio pode desaparecer no mesmo instante se você estiver disposto a correr riscos.

Você me diz, "Descobri que estou entediado..." Você está tão entediado porque não foi sincero consigo mesmo, não foi honesto consigo mesmo, você tem que se respeitar mais.

E você diz, "Estou sem entusiasmo." Como ter entusiasmo? O entusiasmo só aparece quando você está fazendo o que quer; não importa o que isso seja. Vincent Van Gogh ficava imensamente feliz quando pintava. Ele não conseguia vender um quadro, ninguém o admirava, ele estava com fome, à beira da morte. O irmão lhe dava uma pequena quantia de dinheiro para que ele pelo menos conseguisse sobreviver – quatro dias por semana ele jejuava e três ele comia. Tinha que ficar sem comer por quatro dias seguidos porque senão como conseguiria comprar suas telas, tintas, pincéis? Mas ele estava extremamente feliz – cheio de entusiasmo.

> O tédio significa simplesmente que o jeito como você está vivendo está errado; por isso é uma grande coisa saber que "Estou entediado e algo tem de ser feito com relação a isso, é preciso que haja alguma mudança".

Morreu aos 33 anos; suicidou-se. Mas seu suicídio foi, de longe, bem melhor do que a vida que ele levava, pois ele só se suicidou depois de ter pintado o que queria. No dia em que terminou a tela em que pintou o pôr-do-sol, que fora o seu mais acalentado desejo, ele escreveu uma carta dizendo, "Meu trabalho está completo, estou realizado. Estou deixando este mundo extremamente contente". Ele se suicidou, mas eu não chamaria isso de suicídio. Ele viveu plenamente, com toda a intensidade.

Você pode viver uns 100 anos e sua vida ser só um osso seco, um peso, um peso morto. Você me diz, "Você disse para nos aceitarmos do jeito que somos. Não consigo aceitar a vida sabendo que, lá dentro, me falta alegria."

Quando eu digo para se aceitar, não estou dizendo para aceitar o seu jeito de viver – não me entenda mal. Quando eu digo para você se aceitar, estou dizendo para rejeitar todo o resto – aceite *você mesmo*. Mas você interpretou isso à sua própria moda. É assim mesmo...

>
>
> Não é uma questão de dinheiro, de poder, de prestígio; é uma questão do que, intrinsecamente, você quer fazer. Faça isso sem ligar para os resultados, e o tédio desaparecerá.

O marciano aterrissou seu disco voador em Manhattan e, assim que saiu da nave, foi abordado por um mendigo:
– Doutor, me dá um centavo?
– Mas o que é um centavo? – perguntou o marciano.
O mendigo pensou um pouco e respondeu:
– Tem razão, pode me dar vinte?

Eu não disse isso. Você entendeu outra coisa. Rejeite tudo o que lhe impuseram – não estou dizendo para aceitar. Aceite a essência mais profunda que você trouxe com você do além e então não sentirá mais que algo está faltando. No instante em que você se aceitar, sem impor nenhuma condição, sentirá uma explosão de alegria. O entusiasmo começará a jorrar, a vida passará a ser de fato extasiante.

Os amigos de um jovem pensaram que ele tinha morrido, embora estivesse só em coma. Mas, quando ele estava prestes a ser enterrado, mostrou sinais de vida. Os amigos lhe perguntaram como era estar morto.

— Morto!? — ele exclamou. — Mas eu não estava morto. Sabia o tempo todo o que estava acontecendo. E sabia também que não estava morto, porque meus pés estavam frios e eu sentia fome.

— Só por causa disso você achou que estava vivo? — perguntou um dos curiosos.

— Bem, eu sabia que, se estivesse no céu, não sentiria fome; se estivesse no inferno, meu pés não estariam frios.

Pode ter certeza de que você não está morto: você está com fome e seus pés estão frios. Simplesmente levante-se e faça um pouco de exercício!

Um homem pobre, sem nenhuma instrução ou posição social, apaixonou-se pela filha de um milionário. Ela o convidou para conhecer seus pais, na elegante mansão onde moravam. O homem ficou acanhado diante da mobília finíssima, de tantos empregados e de todas as evidências da riqueza da família, mas conseguiu aparentar descontração — até que chegou a hora do jantar. Sentado à sólida mesa de jantar, enebriado pelo vinho, ele soltou gases ruidosamente.

O pai da garota levantou a cabeça e encarou o cachorro que estava deitado aos pés do rapaz:

– Roover! – exclamou num tom ameaçador.

O pobre rapaz ficou aliviado ao ver que tinham posto a culpa no cachorro e, minutos depois, soltou mais gases.

Seu anfitrião olhou novamente para o cachorro e exclamou em voz alta:

– Roover!

Passado algum tempo, o rapaz soltou gases novamente. Com o rosto contraído de raiva, o milionário gritou a plenos pulmões:

– Roover, saia já daí antes que ele cague em cima de você!

Ainda há tempo – saia dessa prisão em que você viveu até agora! Só é preciso um pouco de coragem, só um pouco da coragem do jogador. Não há nada a perder, lembre-se disso. Você só vai perder seus grilhões – só vai perder o tédio, esse sentimento constante de que está perdendo algo. O que há mais a perder? Saia do rebanho e se aceite – mesmo que fique contra Moisés, Jesus, Buda, Mahavira, Krishna, aceite-se. Sua responsabilidade não é para com Buda ou Zaratustra ou Kabir ou Nanak; sua responsabilidade é para consigo mesmo.

Seja responsável – e, quando eu uso a palavra *responsável*, faça o favor de não interpretá-la de modo errado. Não estou falando de deveres, responsabilidades. Estou simplesmente usando a palavra no seu sentido literal: responder à realidade, ser responsável.

Você tem vivido uma vida irresponsável, cumprindo todas as responsabilidades que os outros esperam que você cumpra. O que tem a perder? Você está entediado – essa é uma boa oportunidade. Você está perdendo o entusiasmo; do que mais você precisa para sair dessa prisão? Pule para fora, sem olhar para trás!

As pessoas dirão, "Pense duas vezes antes de pular". Eu digo, "Pule primeiro e depois pense tanto quanto quiser!"

MEDITAÇÃO PARA O MEDO DO VAZIO

Toda noite, antes de dormir, feche os olhos e permaneça, por vinte minutos, com a mente vazia. Aceite esse vazio, fique ali. O medo aparecerá – deixe que ele fique ali também. Trema de medo, mas não rejeite esse espaço que está nascendo dentro de você. Dentro de duas ou três semanas, você conseguirá sentir a beleza desse vazio, conseguirá sentir o quanto é abençoado. Depois de ter tocado essa bênção, o medo desaparecerá por conta própria. Você não precisará lutar contra ele.

Sente-se no chão, sobre os joelhos ou numa posição confortável para você. Se a cabeça começar a pender para a frente – e ela começará – deixe. Você ficará numa postura quase fetal, assim como o bebê fica no útero da mãe. Sua cabeça começará a tocar os joelhos ou o chão – deixe. Entre no seu próprio útero e fique ali. Nenhuma técnica, nenhum mantra, nenhum esforço – só fique ali. Só fique atento para o que está acontecendo. É algo que você não conhece ainda. Sua mente está apreensiva porque trata-se de uma dimensão desconhecida e muito diferente. A mente não consegue lidar com isso. Ela nunca conheceu nada assim antes; por isso está intrigada, quer classificar, rotular.

Mas o conhecido é a mente e o desconhecido é Deus. O desconhecido nunca fará parte do conhecido. Quando fizer, não será mais o Deus

> Seja responsável – e, quando eu uso a palavra *responsável*, faça o favor de não interpretá-la de modo errado. Não estou falando de deveres, responsabilidades. Estou simplesmente usando a palavra no seu sentido literal: responder à realidade, ser responsável.

desconhecido. O desconhecido permanece uma incógnita. Mesmo quando você passa a conhecê-lo, ele permanece uma incógnita. O mistério nunca é revelado. O mistério é intrinsecamente insolúvel.

Portanto, toda noite, entre nesse espaço. O medo estará presente, o tremor também; não há nada de mal nisso. Pouco a pouco, o medo diminuirá e a alegria o substituirá. Depois de três semanas, um dia de repente você sentirá tamanha felicidade, que será como se a noite tivesse acabado e o sol aparecesse no horizonte.

MEDITAÇÃO PARA DISSIPAR VELHOS PADRÕES DE MEDO

Percebi que continuo repetindo um padrão que adotei na infância. Sempre que meus pais me repreendiam ou diziam algo a meu respeito que eu considerava negativo, eu simplesmente me fechava, isolava-me e me consolava com a idéia de que eu poderia viver sozinho, sem ninguém. Agora, começo a ver que reajo da mesma forma com os meus amigos.

É só um velho hábito que se consolidou. Tente fazer o oposto. Sempre que sentir que está se fechando – abra-se. Se quiser ir embora, não vá; se não quiser falar, então fale. Se quiser parar de argumentar, não pare; argumente com mais vigor ainda.

Sempre que surge uma situação que provoca medo, existem duas alternativas – ou você contesta ou você foge. Uma criança pequena normalmente não pode contestar, principalmente nos países tradicionalistas. Nos Estados Unidos, a criança contestará tanto que os pais é que irão fugir! Mas, nos países mais antigos, ligados à tradição – ou nas famílias em que os valores tradicionais são muito fortes –, a criança não pode contestar. O único jeito é se fechar, se fechar dentro de si mesma para se proteger. Assim você aprendeu o truque de fugir.

Agora, a sua única possibilidade é, assim que sentir que está tentando escapar, ficar firme no lugar, ser teimoso e partir para a briga. Durante um mês mais ou menos, tente fazer o oposto do que está acostumado e você aprenderá a superar essas duas atitudes. Ambas têm que ser superadas, pois só assim o homem torna-se destemido – e porque os dois jeitos estão errados. Como um dos dois jeitos errados está profundamente enraizado em você, é preciso contrabalançar com o outro.

Então, por um mês, você será um guerreiro de verdade – por causa de qualquer coisa. E você se sentirá muito bem, muito bem mesmo, hem? Porque sempre que fugia, você se sentia mal, inferior. Essa é a estratégia do covarde – se fechar. Seja corajoso, hem? Então descarte as duas atitudes, pois ser corajoso, lá no fundo, também é ser covarde. Quando tanto a bravura quanto a covardia desaparecerem, então você será destemido. Experimente!

MEDITAÇÃO PARA TER CONFIANÇA

Se você sente dificuldade para confiar, então você tem de retroceder. Tem de mergulhar fundo nas suas lembranças. Tem de voltar ao passado. Limpar a mente das impressões do passado. Você deve estar carregando um monte de lixo do passado; livre-se dele.

Essa é a chave para ter confiança: se você conseguir não só recordar tudo isso, mas também se livrar dessas lembranças. Faça isso durante a meditação. Todo dia, à noite, faça essa retrospectiva durante uma hora. Tente recordar tudo o que aconteceu na sua infância. Quanto mais fundo você for, melhor – porque você esconde muitas coisas que aconteceram, sem deixá-las aflorar na consciência. Deixe que elas venham à superfície. Se fizer isso todo dia, cada vez irá mais fundo. Primeiro você vai se lembrar de quando tinha em torno de 4 ou 5 anos, e não conseguirá ir além disso. De repente, será como se tivesse diante de você a Muralha da China. Mas siga adiante – pouco a pouco, você verá que está indo mais fundo: 3 anos, 2 anos... Existe quem já tenha se lembrado de quando saiu do útero da mãe. Há quem tenha lembranças de quando estava dentro do útero e há quem vá além disso, lembrando-se do momento da morte numa vida passada.

Mas se você conseguir chegar ao ponto em que nasceu e puder relembrar esse momento, será uma experiência profunda, dolorosa. Será quase como nascer de novo. Você pode gritar como o bebê gritou pela primeira vez. Pode se sentir sufocado como o bebê ao sair do útero – porque, por alguns segundos, ele não consegue respirar. Sente um sufocamento terrível: então grita e volta a respirar; a passagem se abre, os pulmões começam a funcionar. Talvez você precise começar desse ponto. Retroceder dali. Tente outra vez, toda noite. Isso levará de três a nove meses, pelo menos, e todo dia você se sentirá mais aliviado, mais e mais aliviado, e a confiança, por sua vez, irá aumentando simultaneamente. Depois que o passado estiver claro e você tiver visto tudo o que aconteceu, você se livrará dele. Esta é a chave: tome consciência de tudo o que você tem na memória e você se verá livre disso. A consciência liberta, a inconsciência gera escravidão. Só assim será possível ter confiança.

MEDITAÇÃO PARA TRANSFORMAR MEDO EM AMOR

Você pode sentar-se numa cadeira ou em qualquer lugar em que possa assumir uma postura confortável. Então, sobreponha as mãos sobre o colo, com a direita sobre a esquerda – essa posição é importante porque a mão direita está ligada ao hemisfério esquerdo do cérebro e o medo sempre vem do hemisfério esquerdo. A mão esquerda está ligada ao hemisfério direito e a coragem vem desse hemisfério.

O hemisfério esquerdo é a sede da razão, e a razão é covarde. É por isso que não se encontra um homem que seja ao mesmo tempo corajoso e intelectual. E, sempre que encontrar um corajoso, pode apostar que ele não é intelectual. Ele será irracional, propenso a ser assim. O hemisfério direito é intuitivo... essa posição das mãos é simplesmente simbólica e ao mesmo tempo não é: ela coloca a energia na postura correta, na relação correta.

A mão direita fica em cima da esquerda e os polegares se juntam. Então você relaxa, fecha os olhos e deixa seu maxilar inferior relaxado, mas não muito – não force – só relaxe até que possa começar a respirar pela boca. Não respire pelo nariz, comece respirando pela boca; é muito relaxante. E quando você não respira pelo nariz, o velho padrão mental deixa de funcionar. É uma coisa nova e, respirando de acordo com este sistema novo, é mais fácil estabelecer um novo hábito.

Em segundo lugar, quando você não respira pelo nariz, não estimula o cérebro. O ar simplesmente não vai para o cérebro; vai para o peito. Do contrário, você estimula e massageia constantemente o cérebro. É por isso que, respiramos com narinas diferentes. Quando o ar passa por uma narina, ele massageia um lado do cérebro. A cada quarenta minutos a coisa se inverte e o ar começa a passar pela outra narina.

Então simplesmente sente-se numa determinada postura e respire pela boca. O nariz é dual, a boca não é. Não ocorre nenhuma mudança quando respiramos pela boca; se você se sentar por uma hora, vai respirar do mesmo jeito. Não acontece nenhuma mudança; você vai permanecer no mesmo estado. Seu estado muda automaticamente, sem que você saiba disso.

Isso irá gerar um estado novo, muito silencioso, não-dual, de relaxamento, e suas energias começarão a fluir de um jeito novo. Simplesmente sente-se sem fazer nada, durante pelo menos quarenta minutos. Se puder fazer isso durante uma hora, ótimo. Mas, se não, comece fazendo por quarenta minutos e, pouco a pouco, passe para sessenta. Faça isso diariamente.

Não importa que tenha perdido alguma oportunidade; sempre que aparecer uma, faça esse exercício. Sempre opte pela vida e sempre opte por fazer; nunca retroceda, nunca fuja. Nunca deixe de aproveitar as oportunidades que surgem em seu caminho, seja criativo.

E A ÚLTIMA PERGUNTA: O MEDO DE DEUS

A idéia de que existe um Deus que olha por nós, mesmo que seja hipotética, não lhe parece útil, de alguma forma? Porque só a idéia de descartá-la faz com que eu sinta um medo enorme.

Por que você tem medo de descartar a idéia de Deus? Com certeza, a idéia de Deus está evitando que você fique com medo. Então, no momento em que a descarta, você começa a sentir medo. Trata-se de um tipo de proteção psicológica. Só isso.

A criança está fadada a sentir medo. No útero da mãe, ela não tem medo. Nunca ouvi falar de uma criança no útero da mãe que pensasse em ir a uma sinagoga ou a uma igreja ou em ler a Bíblia ou o Alcorão ou o Gita, ou ficasse pensando se Deus existe ou não. É inconcebível que uma criança, no útero da mãe, vá de algum modo se interessar por Deus, pelo demônio, pelo céu ou pelo inferno. Para quê? Ela já está no paraíso. As coisas não podiam estar melhores para ela.

Ela está completamente protegida num ambiente cálido, aconchegante, flutuando em substâncias químicas que a alimentam. E o que é surpreendente – nesses nove meses, a criança cresce mais do que crescerá em noventa anos, proporcionalmente. Em nove meses, ela faz uma longa jornada; surge do nada e se torna um ser. Em nove meses, ela atravessa milhares de anos de evolução, dos primórdios até hoje. Ela passa por todas as fases.

E a vida é absolutamente segura: não há necessidade de conseguir um emprego, nenhum medo de passar fome; tudo é feito pelo corpo da mãe. Viver nove meses no útero da mãe, dentro de um ambiente tão seguro, cria um problema que deu origem às assim chamadas religiões.

Quando a criança sai do útero da mãe, a primeira coisa que acontece com ela é o medo.

É óbvio. Ela perdeu seu lar, a segurança. A calidez, o ambiente, tudo o que ela considerava seu mundo desaparece, e ela é atirada num mundo estranho, do qual nada sabe. E tem que começar a respirar sozinha.

Leva alguns segundos até a criança perceber que tem de respirar por si própria – a respiração da mãe já não faz isso por ela. Só para que ela perceba isso, o médico a segura de ponta-cabeça e bate em seu traseiro, com força. Que começo! E que boas-vindas!

E, assim que ela apanha, começa a respirar por si. Você já notou que basta ficar com medo para que a sua respiração mude? Se não notou, note a partir de agora. Sempre que você está com medo, a sua respiração muda, imediatamente. E, quando está à vontade, em casa, sem medo de nada, sua respiração segue um ritmo harmonioso, equilibrado, cada vez mais silencioso. Numa meditação profunda, às vezes até parece que você parou de respirar. Não parou, mas quase.

Para a criança, o começo é o medo de tudo. Durante nove meses, ela ficou no escuro e, num hospital moderno, onde vai nascer, há luzes fosforescentes e brilhantes por todos os lados. E, para os olhos dela, sua retina, que nunca viram uma luz antes, nem mesmo a chama de uma vela, isso é demais. A luz é um choque para os olhos dela.

E o médico não espera sequer um segundo – corta a ligação que ainda a une à mãe, a última esperança de ela ficar segura...aquele serzinho tão pequeno. E você sabe perfeitamente bem que ninguém parece mais indefeso do que um bebê humano, nenhum outro ser vivo em toda a existência.

É por isso que os cavalos nunca formularam a hipótese de Deus. Os elefantes nunca aprenderam sobre a idéia de Deus; não há necessidade. O filhote de elefante imediatamente começa a andar e a olhar ao redor, explorando o mundo. Ele não é tão indefeso quanto o bebê humano. Na verdade, tanta coisa depende do desamparo do bebê humano que você ficaria surpreso: a família, a sociedade, a cultura, a religião, a filosofia – tudo isso depende do desamparo do bebê humano.

> Você já notou que basta ficar com medo para que a sua respiração mude? Se não notou, note a partir de agora. Sempre que está com medo, a sua respiração muda, imediatamente.

Nos animais, as famílias não existem por um simples motivo: o filhote não precisa dos pais. O homem teve de se decidir por certos sistemas. O pai e a mãe têm de ficar juntos para cuidar do filho. Esse é o resultado do caso de amor que tiveram; é dever deles. Agora, se um bebê humano é abandonado, assim como tantos animais são, não dá para imaginar como ele poderia sobreviver: impossível! Como iria encontrar comida? A quem iria pedir? O que iria pedir?

Será que ele nasceu antes do tempo? E existem alguns biólogos que acham que o bebê humano nasce prematuramente – nove meses não são suficientes –, pois ele nasce completamente indefeso. Mas o corpo humano é feito de tal modo que a mãe não pode carregar o feto por mais de nove meses, senão ela morre, e a morte da mãe significa a morte da criança.

Já foi calculado que, se a criança pudesse viver no útero da mãe por pelo menos três anos, então ela não precisaria mais de um pai, de uma mãe, de uma família, da sociedade, da cultura, de Deus, do padre. Mas a criança não pode viver três anos no útero da mãe. Essa estranha situação biológica afetou todo o comportamento humano, seu pensamento, estrutura familiar, sociedade; e isso deu origem ao medo.

A primeira experiência da criança é o medo, e a última experiência do homem é o medo.

O nascimento também é uma espécie de morte, você deve se lembrar; basta que você o olhe pelos olhos da criança. Ela está vivendo num determinado mundo, que é absolutamente satisfatório. Não tem necessidade nenhuma, não quer mais nada da vida. Está simplesmente usufruindo o fato de existir, de estar crescendo – e então, de repente, ela é atirada para fora.

Para a criança, essa experiência é uma experiência de morte: morte de todo o seu mundo, da sua segurança, do seu doce lar. Dizem os cientistas que ainda não fomos capazes de criar um lar tão aconchegante quanto o útero. Temos tentado – toda casa é sempre o esforço para criar um lar aconchegante.

Temos tentado até criar colchões de água que dêem àquela mesma sensação. Temos banheiras de água quente; dentro delas, você pode sentir um pouco o que a criança sente. Aqueles que sabem como tomar um belo banho quente também acrescentam um pouco de sal à água, pois o útero materno é bem salgado – a quantidade exata de sal que há na água do mar. Mas por quanto tempo você consegue ficar mergulhado numa banheira de água quente? Existem tanques de isolamento que não são nada mais nada menos do que uma busca pelo útero que você perdeu.

Sigmund Freud não é um homem iluminado – na verdade, ele é um verdadeiro cuco*, embora alguns cucos cantem lindas canções. Às vezes,

---

* Cuco, na língua inglesa, tem o sentido de idiota, parvo, como se disséssemos, em português, que a pessoa é uma anta.

ele tinha boas idéias. Por exemplo, ele achava que essa idéia de um homem fazendo amor com uma mulher era uma mera tentativa de entrar no útero novamente. Pode ser que seja isso mesmo. Esse homem é louco, a idéia parece um absurdo, mas, mesmo tratando-se de um maluco como Sigmund Freud, é preciso ouvir com atenção o que ele tem a dizer.

Sinto que há um fundo de verdade nisso: a busca pelo útero, pela mesma passagem pela qual ele saiu... Ele não consegue chegar ao útero, isso é verdade. Então cria todo tipo de coisa; começa a fazer cavernas, casas, aviões. Veja o interior de um avião – não será nenhuma surpresa se um dia você descobrir que as pessoas estão flutuando, no avião, em banheiras de água quente e salgada. O avião pode dar a você exatamente a mesma sensação, mas não vai ser muito satisfatório.

Sigmund Freud não é um homem iluminado – na verdade, ele é um verdadeiro cuco, embora alguns cucos cantem lindas canções. Às vezes, ele tinha boas idéias.

A criança não conhece nada além disso. Tentamos fazer a coisa o mais aconchegante possível: você aperta um botão e a aeromoça está ali. Fazemos com que fique o mais confortável possível, mas não podemos fazer com que fique tão confortável quanto o útero. Ali, não precisaríamos nem mesmo apertar o botão. Antes mesmo de sentir fome, você já é alimentado. Antes mesmo de precisar de ar, ele já foi providenciado. Você não tem responsabilidade nenhuma.

Então, a criança que deixa o útero materno sente o nascimento, se é que ela o sente de fato, como se fosse uma morte. Não dá para ela sentir como se fosse um nascimento; isso seria impossível. Essa é uma idéia nossa – a idéia daqueles que estão de fora – nós dizemos que isso é um nascimento.

E a segunda vez, um dia, depois do esforço que ela fez a vida inteira... Ela conseguiu fazer alguma coisa – uma casinha, uma família, um pequeno círculo de amigos, um cantinho protegido em algum lugar deste mundo, onde pode relaxar e ser ela mesma, onde ela é aceita. Difícil – a luta de uma vida inteira e, de repente, um dia, ela sente que está mais uma vez sendo atirada para fora.

O médico tem de vir outra vez – e esse foi o homem que bateu no traseiro dela! Daquela vez foi para que ela começasse a respirar; desta vez, até onde sabemos... Agora estamos deste lado, não conhecemos o outro lado. O outro lado é preciso imaginar; essa é a razão do céu e do inferno... e surgiu todo tipo de fantasia.

Nós estamos deste lado e esse homem está morrendo. Para nós, ele está morrendo; talvez ele esteja renascendo. Mas isso só ele mesmo sabe, e não pode voltar para nos contar: "Não se preocupem. Não estou morto, estou vivo!" Ele não pode voltar para o útero da mãe e dar uma última olhada e se despedir de todo mundo; nem pode voltar agora, abrir os olhos e dizer até logo a todos, avisando: "Não se preocupem. Não estou morrendo. Estou renascendo."

A idéia hindu do renascimento não é nada mais do que uma projeção do nascimento comum. Para o útero – se é que o útero pensa –, o feto está morto. Para o feto – se é que ele pensa –, ele está morrendo. Mas ele está nascendo; não se trata de morte, mas de nascimento. Os hindus projetaram a mesma idéia sobre a morte. Deste lado, parece que o homem está morrendo, mas, vendo a partir do outro lado... Mas o outro lado é só imaginação; podemos imaginá-lo do jeito que quisermos.

Cada religião vê esse lado de um modo diferente, pois toda sociedade e toda cultura depende de uma geografia diferente. Por exemplo, o tibetano não consegue imaginar esse outro lado como um lugar frio – mesmo fresco é aterrorizante; frio, é impossível. O tibetano acha que a pessoa morta é quente, num mundo novo em que tudo permanece quente.

O indiano não consegue imaginar que esse lado seja sempre quente. Até os quatro meses de calor da Índia já são demais, que dirá passar a eternidade inteira no calor – cozinharíamos! Eles não têm idéia do que seja um ar-condicionado; mas do jeito que os hindus descrevem o paraíso, é quase como se ele fosse refrigerado – sempre fresco, nem frio nem quente. É sempre primavera, primavera indiana – todas as flores se abrem, a brisa é fragrante, os pássaros cantam, tudo está vivo; mas o ar não é nem quente nem frio. Isso eles não cansam de nos lembrar: a brisa fresca é contínua.

Mas é a mente que está projetando essa idéia; se não fosse assim, o tibetano, o indiano e o muçulmano veriam a coisa da mesma forma. O muçulmano não consegue imaginar que o outro mundo seja um deserto – ele já sofreu tanto no deserto da Arábia. O outro mundo só pode ser um oásis, um oásis completo. Não é que, depois de uns cem quilômetros, você encontre um oásis pequeno, com um pouquinho de água e umas poucas árvores, não – é tudo um grande oásis, não existe deserto.

Nós projetamos, mas, para a pessoa que está morrendo, trata-se do mesmo processo pelo qual ela já passou uma vez. É fato bem conhecido o de que se, na hora da morte, a pessoa não está inconsciente, não entrou em coma, ela começa a se lembrar de toda a vida que viveu. Ela retrocede até o seu primeiro minuto de vida, no momento em que nasceu. Parece significativo que, no momento em que está deixando este mundo, ela possa dar uma olhada em tudo o que aconteceu. Por uns poucos segundos, todo calendário passa diante dos olhos dela, como se fosse um filme.

O calendário passa em ritmo acelerado, porque num filme de duas horas é preciso recordar muitos anos... se ele passasse no ritmo normal, você ficaria sentado no cinema por dois anos; quem agüentaria? Não, o calendário corre, as datas se sucedem rapidamente. O ritmo se acelera até mais no momento exato da morte. Num instante, a vida inteira passa de relance e pára no primeiro minuto. O mesmo processo está acontecendo outra vez – a vida deu uma volta completa.

Por que eu quero que você se lembre disso? Porque o seu Deus não é nada mais do que o medo que sentiu no primeiro dia e acompanhou você até o último momento, aumentando cada vez mais. É por isso que, quando a pessoa é jovem, ela pode ser atéia. Tem condições para isso, mas, à medida que envelhece, ser ateu fica um pouco mais difícil. Se você perguntar a ela, quando estiver à beira da morte, com o pé na sepultura, se ainda é atéia, ela dirá: "Pensando bem..." – por causa do medo: o que vai acontecer agora? Todo o mundo dela está desaparecendo.

Você me diz, "No momento em que penso em descartar a idéia de Deus, fico com medo." Essa é uma simples indicação de que você está reprimindo o medo com a rocha da idéia de Deus; então, quando você remove a rocha, o medo aparece.

Se o medo aparece, isso é sinal de que você tem de encará-lo; não vai adiantar acobertá-lo com a idéia de Deus. Você não vai mais ter fé, ela foi destruída. Não vai conseguir mais ter fé em Deus, porque a dúvida é agora uma realidade e a fé uma ficção. E nenhuma ficção se sustenta diante de um fato. Agora, Deus vai ser sempre uma hipótese para você; suas preces vão ser inúteis. Você saberá que se trata de uma hipótese, não conseguirá se esquecer disso.

Depois que você ouve uma verdade, é impossível esquecê-la. Essa é uma das qualidades da verdade: você não precisa se lembrar dela. A mentira tem de ser lembrada continuamente; você pode esquecê-la. A pessoa habituada com a mentira precisa ter uma memória melhor do que a pessoa que está habituada com a verdade, pois a pessoa verdadeira não precisa de memória. Se você só diz a verdade, não tem do que se lembrar. Mas, se mente, então tem que ter boa memória, porque você diz uma mentira para uma pessoa, outra mentira para a outra, outra coisa para uma terceira. Você tem que ter em mente o que disse e para quem disse. E, sempre que surge uma dúvida sobre uma mentira, você tem de inventar outra mentira e assim por diante. A mentira não acredita em controle de natalidade.

A verdade é celibatária, não tem filhos; ela é solteira de fato.

> Depois que você ouve uma verdade, é impossível esquecê-la. Essa é uma das qualidades da verdade: você não precisa se lembrar dela.

Depois que você entendeu que Deus não passa de uma hipótese criada pelos padres, pelos políticos, pela elite no poder, pelos pedagogos – todos aqueles que querem manter você numa escravidão psicológica, que ganham com a sua escravidão... Todos eles querem que você fique com medo, sempre com medo, tremendo por dentro, porque, se você não tiver medo, passa a ser perigoso.

Ou você é um covarde, um medroso, alguém sempre pronto a se submeter, sem nenhuma dignidade, nenhum respeito por si mesmo – ou é destemido. Mas se for destemido, será também um rebelde, não dá para evitar. Ou você é um homem de fé ou vai ter um espírito rebelde. Por isso essas pessoas não querem que você seja rebelde – porque essa rebelião vai contra os interesses delas – continue entupindo, condicionando a sua mente com Cristianismo, Judaísmo, Islamismo, Hinduísmo, e eles vão fazer com que você viva com medo. Essa é a força deles, por isso qualquer um que esteja interessado no poder, cuja vida não é mais nada a não ser a ânsia por poder, tem um grande interesse pela hipótese de Deus.

Em Busca do Destemor

Se você tem medo de Deus – e, se acredita em Deus, então você tem de ter medo – você tem de seguir as ordens e mandamentos dele, seu livro sagrado, seu messias, sua encarnação. Você tem de segui-lo e ser seu agente.

Na verdade, ele não existe; só o agente existe. Esse é um negócio estranho. A religião é de fato um negócio estranho. Não existe um chefe, mas há mediadores: o padre, o bispo, o cardeal, o papa, o messias, toda a hierarquia – e, no topo, não há ninguém.

Mas a autoridade e o poder de Jesus vinham de Deus – seu filho amado. A autoridade do papa vem de Jesus – o representante de Cristo, infalível. E assim continua até chegar no padre do mais baixo escalão... mas nunca existiu Deus nenhum; é só o seu medo. Você pediu para inventarem Deus porque não conseguia viver sozinho. Você foi incapaz de enfrentar a vida, suas belezas, seus prazeres, sofrimentos, angústias. Não estava pronto para enfrentar tudo isso sozinho, sem ninguém protegendo você, servindo-lhe de guarda-chuva. Você clamou por um Deus por causa do medo que sentia. E é claro que existem vigaristas por todos os lados. Você pediu e eles fizeram isso para você.

Você terá de jogar fora essa idéia de Deus que evita que sinta medo. Terá de superar o medo e aceitá-lo como uma realidade humana. Não há por que fugir dele.

Você terá de jogar fora essa idéia de Deus que evita que sinta medo. Terá de superar o medo e aceitá-lo como uma realidade humana. Não há por que fugir dele. O que é preciso é entrar bem fundo dentro dele e, quanto mais fundo você for, menos medo encontrará.

Quando você tocar a rocha do medo, você vai rir, não há nada a temer.

E, quando o medo desaparece, surge a inocência, e essa inocência é o *summum bonum*, a própria essência do homem religioso.

Essa inocência é poder.

Essa inocência é o único milagre que existe.

Com inocência, qualquer coisa pode acontecer. Mas você não será um cristão por causa dela, nem será um muçulmano. A inocência o tornará simplesmente um ser humano normal, que aceita sua ordinariedade e vive com alegria, grato por estar vivo – não grato a Deus, que é uma idéia que inventaram para você.

Mas a existência não é uma idéia. Ela está em torno de você, dentro e fora. Quando você é absolutamente inocente, uma gratidão profunda – não vou chamar isso de prece porque na prece você está pedindo algo; eu chamaria de uma gratidão profunda – enche seu peito. Não é que você esteja pedindo algo; está agradecido por algo que já foi dado a você.

Tanto já foi dado. Será que você merece? Foi você que conquistou? A existência continua jorrando de tal forma sobre você que pedir mais do que isso é um papelão. Diante de tudo isso que você já recebeu, é preciso ser grato. E o mais belo é que, quando você é grato, mais a existência jorra em profusão sobre você. É um círculo: quanto mais você tem, mais grato fica; quanto mais grato, mais você tem... e isso não tem fim, é um processo infinito.

Mas lembre-se, a hipótese de Deus já era; no momento em que você chama isso de hipótese de Deus, você já a descartou. Estando ou não com medo, não há como pegá-la de volta; acabou.

Agora, o único caminho que resta é enfrentar o medo.

Enfrente calmamente, assim você consegue ir mais fundo.

E, às vezes, acontece de ele não ser tão profundo.

Uma história:

Um homem que caminhava à noite escorregou de uma rocha. Com medo de que fosse sofrer uma queda de muitos metros, pois sabia que se tratava de um vale profundo, ele agarrou um galho que pendia da rocha. Na escuridão da noite, tudo o que ele podia ver era um abismo sem-fim. Ele gritou; só ouviu o eco do seu grito – não havia ninguém para ouvi-lo gritando.

Você pode imaginar a tortura desse homem, à noite toda. A morte sempre presente, as mãos ficando frias, ele já não conseguia agarrar o galho com tanta firmeza...e, quando o sol saiu, ele olhou para baixo e deu risada: não havia abismo nenhum. Dez centímetros abaixo dele havia outra rocha. Ele podia ter descansado a noite toda, dormido bem – a rocha embaixo era grande o suficiente – mas a noite toda fora um pesadelo.

Posso dizer a você, por experiência própria: o medo não tem mais do que dez centímetros de profundidade. Cabe a você decidir se quer ficar pendurado no galho e fazer da sua vida um pesadelo ou se prefere largar o galho e pôr os pés no chão.

Não há nada a temer.

SOBRE OSHO

Osho desafia categorizações. Suas milhares de palestras abrangem desde a busca individual por significado até os problemas sociais e políticos mais urgentes que a sociedade enfrenta hoje. Seus livros não são escritos, mas transcrições de gravações em áudio e vídeo de palestras proferidas de improviso a plateias de várias partes do mundo. Em suas próprias palavras, "Lembrem-se: nada do que eu digo é só para você... Falo também para as gerações futuras".

Osho foi descrito pelo Sunday Times, de Londres, como um dos "mil criadores do século XX", e pelo autor americano Tom Robbins como "o homem mais perigoso desde Jesus Cristo". O jornal Sunday Mid-Day, da Índia, elegeu Osho – ao lado de Buda, Gandhi e o primeiro-ministro Nehru – como uma das dez pessoas que mudaram o destino da Índia.

Sobre sua própria obra, Osho afirmou que está ajudando a criar as condições para o nascimento de um novo tipo de ser humano. Muitas vezes, ele caracterizou esse novo ser humano como "Zorba, o Buda" – capaz tanto de desfrutar os prazeres da terra, como Zorba, o Grego, como de desfrutar a silenciosa serenidade, como Gautama, o Buda.

Como um fio de ligação percorrendo todos os aspectos das palestras e meditações de Osho, há uma visão que engloba tanto a sabedoria perene de todas as eras passadas quanto o enorme potencial da ciência e da tecnologia de hoje (e de amanhã).

Osho é conhecido pela sua revolucionária contribuição à ciência da transformação interior, com uma abordagem de meditação que leva em conta o ritmo acelerado da vida contemporânea. Suas singulares meditações ativas **OSHO** têm por objetivo, antes de tudo, aliviar as tensões acumuladas no corpo e na mente, o que facilita a experiência da serenidade e do relaxamento, livre de pensamentos, na vida diária.

Dois trabalhos autobiográficos do autor estão disponíveis:

Autobiografia de um Místico Espiritualmente Incorreto, publicado por esta mesma Editora.

Glimpses of a Golden Childhood (Vislumbres de uma Infância Dourada).

OSHO International Meditation Resort

Localização
Localizado a cerca de 160 quilômetros a sudeste de Mumbai, na florescente e moderna cidade de Puna, Índia, o **OSHO** International Meditation Resort é um destino de férias diferente. Estende-se por 28 acres de jardins espetaculares numa bela área residencial cercada de árvores.

OSHO Meditações
Uma agenda completa de meditações diárias para todo tipo de pessoa, segundo métodos tanto tradicionais quanto revolucionários, particularmente as Meditações Ativas **OSHO**®. As meditações acontecem no Auditório **OSHO**, sem dúvida o maior espaço de meditação do mundo.

OSHO Multiversity
Sessões individuais, cursos e *workshops* que abrangem desde artes criativas até tratamentos holísticos de saúde, transformação pessoal, relacionamentos e mudança de vida, meditação transformadora do cotidiano e do trabalho, ciências esotéricas e abordagem "Zen" aos esportes e à recreação. O segredo do sucesso da **OSHO** Multiversity reside no fato de que todos os seus programas se combinam com a meditação, amparando o conceito de que nós, como seres humanos, somos muito mais que a soma de nossas partes.

OSHO Basho Spa
O luxuoso Basho Spa oferece, para o lazer, piscina ao ar livre rodeada de árvores e plantas tropicais. Jacuzzi elegante e espaçosa, saunas, academia, quadras de tênis... tudo isso enriquecido por uma paisagem maravilhosa.

Cozinha
Vários restaurantes com deliciosos pratos ocidentais, asiáticos e indianos (vegetarianos) a maioria com itens orgânicos produzidos especialmente para o Resort **OSHO** de Meditação. Pães e bolos são assados na própria padaria do centro.

Vida noturna
Há inúmeros eventos à escolha – com a dança no topo da lista! Outras atividades: meditação ao luar, sob as estrelas, shows variados, música ao vivo e meditações para a vida diária. Você pode também frequentar o Plaza Café ou gozar a tranquilidade da noite passeando pelos jardins desse ambiente de contos de fadas.

Lojas
Você pode adquirir seus produtos de primeira necessidade e toalete na Galeria. A **OSHO** Multimedia Gallery vende uma ampla variedade de produtos de mídia **OSHO**. Há também um banco, uma agência de viagens e um Cyber Café no *campus*. Para quem gosta de compras, Puna atende a todos os gostos, desde produtos tradicionais e étnicos da Índia até redes de lojas internacionais.

Acomodações
Você pode se hospedar nos quartos elegantes da **OSHO** Guesthouse ou, para estadias mais longas, no próprio *campus*, escolhendo um dos pacotes do programa **OSHO** Living-in. Há além disso, nas imediações, inúmeros hotéis e *flats*.

http://www.osho.com/meditationresort
http://www.osho.com/guesthouse
http://www.osho.com/livingin

Para maiores informações: http://www.**OSHO**.com

Um *site* abrangente, disponível em vários idiomas, que disponibiliza uma revista, os livros de Osho, palestras em áudio e vídeo, **OSHO** biblioteca *on-line* e informações extensivas sobre o **OSHO** Meditação. Você também encontrará o calendário de programas da **OSHO** Multiversity e informações sobre o **OSHO** International Meditation Resort.

Websites:
  http://**OSHO**.com/AllAbout**OSHO**
  http://**OSHO**.com/Resort
  http://**OSHO**.com/Shop
  http://www.youtube.com/**OSHO**international
  http://www.Twitter.com/**OSHO**
  http://www.facebook.com/pages/**OSHO**.International

Para entrar em contato com a **OSHO** International Foundation:
  http://www.osho.com/oshointernational
  E-mail: oshointernational@oshointernational.com